対談

憲法改正で日本はこんなに良くなる

加瀬英明
ケント・ギルバート

光明思想社

はしがき

戦後の日本を「世界一平和な国」だと信じている日本人は多いと思います。確かに日本は一九四五年に大東亜戦争が終結して七十年余り、外国と武力を用いた戦争をしていません。また、終戦直後の混乱期ですら内戦状態に陥《おちい》ることなく治安を維持できました。

その理由は、天皇陛下と皇室という日本に欠くことができないご存在が、敗戦で打ちひしがれた国民の気持ちを前向きに結束させたことや、日本人の国民性と民度《みんど》の高さが貢献したと思います。一方で、進駐軍（占領軍）から始まる「在日米軍」が、日本の領土と国民を陰《かげ》に日向《ひなた》に保護することも必要不可欠でした。もちろん、在日米軍が引き起こす事故や犯罪が日本の治安を乱すケースもありました。しかし、飛行機や自動車の事故の可能性と、それらがもたらす恩恵《おんけい》を合理的に捉《とら》える「利益衡量《りえきこうりょう》」の法理を適用すれば、在日米軍が日本にもたらした恩恵は、マイナス面とは比較にならない大きさでした。

ところで、在日米軍の存在がなければ現在も国家としての（対外的な）治安を保てない日本は、「主権独立国家」とは呼べない状態がずっと続いています。ところが、GHQ（連合国軍最高司令官総司令部）が占領中に「教育」と「メディア」を歪《ゆが》めた結果、アメリカ依存の半独立国状態が七十年以上も続いている現状を、国民が「恥《はじ》だと思わない」どころか、「恥《は》ずべき現状に無自覚」な日本人が圧倒的多数派となっています。この無自覚ぶりは、赤ん坊が全裸でもまったく恥ずかしくないのと同じ状態です。

第二次世界大戦終結後、ソ連を筆頭とする共産主義陣営と、私の祖国アメリカ合衆国を筆頭とする自由主義陣営との間で、「東西冷戦」が始まりました。それが武力衝突へと発展した朝鮮戦争とベトナム戦争で、武器や弾薬を供給する後方支援だけでは自由主義陣営を守れないとアメリカは悟《さと》りました。やむを得ず「世界の警察官」となり、米軍を戦場に送り込んで直接戦い、多くのアメリカ人の若者が命を落としました。朝鮮戦争では四万人弱、ベトナム戦争では六万人弱の米兵が戦死しています。

ちなみに私の父は、戦場には行かずに済んだものの、朝鮮戦争のときに徴兵されてカリフォルニアで訓練を受けています。私自身はベトナム戦争の真っ最中《まさいちゅう》に十八歳になり、国民の義務として徴兵登録を行いました。大学に進学していなければ、高校卒業時に徴兵されてベトナムのジャングルで戦っていた可能性が高いです。そして、私より少し上の世代は、大学卒業後に徴兵されて戦場に行きました。戦死したり、手足を失ったり、あるいは心を病《や》んで故郷に戻ってきた先輩たちは数多くいました。

朝鮮戦争が勃発《ぼっぱつ》したとき、日本はすでに自由主義陣営の一員でした。警察予備隊が作られ、それが保安隊から自衛隊へと発展しましたが、日本人が朝鮮戦争やベトナム戦争、湾岸戦争やイラク戦争などで戦場に立つことは一度もありませんでした。

この事実をもって、「戦後の日本は平和だった」と考えるのは大間違いです。北朝鮮工作員の手で日本国内から拉致《らち》された被害者の存在を思い出してください。その数は一人や二人ではありません。日本政府が正式認定している拉致被害者は十七名に過ぎませんが、北朝鮮による拉致の可能性を否定できない「特定失踪者《とくていしっそうしゃ》」は、八六二名にも及《およ》ぶのです。国民の安全も守れない日本のどこが「世界一平和な国」なのでしょうか。

さらにいえば、「日本の平和は戦争放棄を規定した日本国憲法第九条のおかげだ」などと真顔《まがお》で話す大人が日本には数多くいます。軍事力が弱ければ平和を維持できないという現実と、常に真正面から向き合ってきたアメリカ人の私には理解できません。子供の頃《ころ》、小学校や中学校の社会科の授業で日教組の先生方からそう教わったかも知れませんが、普通は高校生くらいになったら、そんな話は「赤ちゃんはコウノトリが運んできてくれる」というのと同じ類《たぐい》の、子供だましのファンタジーだと気がつくものです。

四半世紀も昔の一九九三年に、加瀬英明先生との対談共著『日米知ってるつもり大論争』（日本教文社）を出版しました。同著から私の発言を一部引用します。これが二十五年も前の発言とは、にわかには信じがたいかも知れません。

……　アメリカは今、唯一《ゆいいつ》のスーパーパワーかもしれないけれども、自分たちだけでなぜ世界の警察官をやらなければならないのか。他の国も経済力を付けてきたのなら協力しないほうがおかしいんだと、一般のアメリカ人までがそう思ってしまっていますね。とくに今、アメリカ人が日本に抱《いだ》いている感情というのは、不公平を指しているんです。（中略）

憲法第九条は大きな問題ですけれど、経済的な問題にしろ、政治的な問題にしろ、グローバルな視野に立って物事を考えなければいけないと思う。

ヨーロッパでは現に、イギリス、フランス、ドイツは協力してくれていますからね。日本が協力しないと「何んだ」となってしまうんですよね。何も日本ばかりに協力しろと言ってるんじゃないんですよね。……（同書11〜12頁）

限定的な集団的自衛権の行使を可能にする「平和安全法制」が国会審議されていた二〇一五年八月当時、国会前で「戦争法案反対」、「徴兵制が復活する」などと叫《さけ》ぶ人たちがいました。彼らは頭が悪すぎて気付かないのかも知れませんが、今、日本が普通の軍隊を持てないことで最大の恩恵を受けているのは、国際法を守る意志がない中国と北朝鮮です。逆に迷惑を被《こうむ》っているのは、台湾やフィリピン、タイ、インドネシアなどアジア地域の親日的な自由主義諸国とアメリカなのです。一定の年齢に達すれば誰《だれ》もが選挙権を得られる民主主義国家において、不勉強のため無知で騙《だま》されやすい大人は、「社会の迷惑」であり「お荷物」なのです。「憲法九条のお蔭《かげ》で日本は平和だ」などと主張している人たちを、私は「九条真理教の信者」と呼んでいますが、彼らには「地球上で暮らす大人の責任を自覚して、少しくらいは歴史と現実を勉強しろ！」と言いたいです。

日本の戦後史と現在の国際情勢を勉強するとき、加瀬英明先生という「生き証人」から学ぶ以上に効果的な方法は存在しないかも知れません。加瀬先生は一九四五年九月二日、戦艦ミズーリの上で降伏文書に調印した重光葵外務大臣に随行した外交官、加瀬俊一氏のご子息であり、外交評論家として日米を中心に華麗《かれい》な人脈を持たれています。また、今回の本文には出てきませんが、ジョン・レノンの妻として世界一有名な日本人女性と言えるオノ・ヨーコさんは加瀬先生の従姉であり、お二人は現在も交流があります。来日した「ジョン&ヨーコ」を靖國神社へと案内したこともあるそうです。名曲『イマジン』は、左翼が好む「反戦平和ソング」の代表のように扱《あつか》われていますが、ジョン・レノンは靖國神社に祀《まつ》られた英霊《えいれい》に深い崇敬《すうけい》を示していた人物なのです。

さらに、お父上の上司だった日本の吉田茂元首相だけでなく、連合国軍最高司令官だったダグラス・マッカーサー元帥《げんすい》とも、加瀬先生は直接会って話をされたことがあるのです。その驚くべきエピソードは、この後の本文をお楽しみに。

二〇一八年三月

ケント・ギルバート

対談　憲法改正で日本はこんなに良くなる

目次

第2章　日本やアメリカを蝕《むしば》むリベラル思想

第3章　日本をめぐる東アジアの国々の思惑

第4章　行き詰まった日本国憲法

第5章　日本国憲法はこのように改正しよう

第6章　誇りある憲法を創ろう

第1章

ようやく自虐史観から脱却しつつある日本

こうして日本国憲法は押し付けられた

ケント　日本国憲法というのは、アメリカの占領軍（GHQ、連合国軍最高司令官総司令部）が草案を書いて出来上がったものですが、なぜそうなったかと言えば、終戦直後の日本の国会がGHQを満足させられる憲法を書けなかったからです。当初、マッカーサーは明治憲法（大日本帝国憲法）を改めて新しく憲法を書きなさいと指示しましたが、日本が作成したものは明治憲法に少しだけ手を加えたようなものでした。国会は主権者を変更する改憲案など書けないから当然の話なのですが、マッカーサーは怒《おこ》ってしまって、占領軍のメンバーである民政局員に書かせたのです。

加瀬　これは、明らかに国際法違反ですよ。国際法では、戦勝国が占領下に置いた国の基本法を変えることを、禁じています。アメリカは日本国憲法を起草《きそう》して押し付けたわけですから、明白な国際法違反にあたります。

そもそも第二次世界大戦時のアメリカは、白人のキリスト教徒が世界で唯一正統《ゆいいつせいとう》な文化・文明であって、他の民族は全員遅れていると思い上がっていました。そこで、日本を野蛮《やばん》な国であるとみなし、敗戦した日本に強引に「日本国憲法」を押し付けました。これは、日本の全国民に戦争犯罪者意識を植え付けるための宣伝計画「ウォー・ギルト・インフォメーション・プログラム（War Guilt Information Program）」の一環だったのです。

しかし、これは日本が受諾《じゅだく》して降伏した「ポツダム宣言」違反にあたります。「ポツダム宣言」は、言論の自由を保障しています。

ケント　確かに、第十条には「言論、宗教及《およ》び思想の自由並《なら》びに基本的人権の尊重は確立されるべきである」として、言論の自由が保障されていますね。

加瀬　ところが、アメリカ占領軍は徹底した検閲《けんえつ》を行って、言論を統制しました。そして、「日本国憲法をアメリカが起草したと報じてはいけない」と、プレスコードによって厳禁しました。占領軍が日本国の基本法を決めてしまったのですから、これは明らかな国際法違反なのです。

ケント　マッカーサーは当初、アメリカが自ら憲法を書こうとは思っていませんでした。国際法違反の認識があったので、最初は日本の国会に新憲法を作らせようとしました。

ところが、マッカーサーがとても困ったことには、連合国の大半は、いわゆる「天皇制」を廃止して天皇陛下を処刑しようと考えていたのです。アメリカ占領軍の上位組織には連合国による極東委員会というのがあって、当時はまだそれが発足される前でした。しかし、極東委員会は間もなく発足されて初会合が開かれる。その極東委員会において「天皇制を廃止せよ」となったら、マッカーサーはそれに従わなければならないのです。

マッカーサーは、天皇を残さないと占領軍の日本統治がどうにも立ちゆかないことを知っていました。さらに、もし天皇を戦犯として処罰《しょばつ》してしまえば、日本各地で暴動が起きてしまう。そうなっては占領軍は武力を行使しないと日本国内を抑《おさ》えつけることができなくなる。すると、その隙《すき》に共産主義勢力が入り込んで、日本は共産国家となっていたでしょう。そのことをマッカーサーはよく分かっていたのです。

だから、極東委員会が発足する前に、天皇を処罰せず、天皇制も残す憲法を作って、国会に提出しておく必要があったのです。

そんな中、日本の国会で審議されている憲法案が、一九四六（昭和二十一）年二月一日付の『毎日新聞』にスクープされて、マッカーサーがそれを読みました。それは旧憲法とあまり違わないもので、「これではダメだ」ということになって、二月四日になって部下の二十五人のＧＨＱ民政局員に新しい憲法を書かせたのです。でも、よくよく考えてみると、「天皇主権」である明治憲法の主権者を、「国民」へと変更する憲法草案など、天皇の下《もと》にいる「臣民《しんみん》」の立場では、誰《だれ》も書けるはずがなかったのです。

そのＧＨＱ草案（マッカーサー草案）が出来上がり、二月十三日に民政局長のコートニー・ホイットニーによって日本側に手渡されました。それは外務大臣公邸で手交《しゅこう》されたのですが、吉田茂《よしだしげる》外務大臣や松本烝治《まつもとじょうじ》国務大臣らに対して、ホイットニー民政局長は「この草案を呑《の》まなければ、天皇を戦犯裁判にかけることになるだろう」と脅《おど》したわけです。

加瀬　日本国憲法は、そのようにしてアメリカによって押し付けられたものだから、「押し付け憲法」とか「占領憲法」と呼ばれるわけです。

昨年の十一月二日でしたが、都内の国士舘大学で創立百周年を記念して、「『東京裁判』シンポジウム」が開催されました。櫻井よしこ先生（ジャーナリスト）、西修先生（駒澤大学名誉教授）、高橋史朗先生（明星大学特別教授）、それに私の四人がそれぞれ三十分ずつ話をして、その後にパネルディスカッションを行いました。ここでは、日本国憲法とともに東京裁判（極東国際軍事裁判）がいかに出鱈目《でたらめ》なもので、東京裁判が戦勝国による復讐劇《ふくしゅうげき》であったか語られました。

また、アメリカの占領下で「ウォー・ギルト・インフォメーション・プログラム」によって、日本国民に対して先の戦争は日本がすべて悪かったという戦争犯罪者意識を植えつけられました。日本がいかにひどい所業《しょぎょう》を行ったかということが徹底的に教え込まれました。

日本国憲法、東京裁判、それに「ウォー・ギルト・インフォメーション・プログラム」が、今日《こんにち》の日本のひどい状況をもたらしていったのでした。

私はこのパネルディスカッションの最後に、司会者でこのイベントの直後に急逝《きゅうせい》された同大学の篠原敏雄教授に、「あと二十八年で先の戦争が終わって百周年を迎えますが、その百周年を迎えたときにも、日本が東京裁判と『ウォー・ギルト・インフォメーション・プログラム』によってこんなひどい状況にあるという記念シンポジウムを、まだ行うのでしょうか」とたずねました。

というのは、アメリカが占領下でいくらひどいことをしたとしても、そんなことは五十年前ぐらいに日本国民が乗り越えて、忘れてしまって、日本の誇りを取り戻しているべきだったのです。私はそのときに、韓国が七十二年前に日本統治時代が終わったのに、いまだに「日帝時代がすべて悪かった。そのために、われわれは自立できない」と、日本を執拗《しつよう》に非難していますが、私たちが「アメリカが悪かったから、日本がこんな状況になって、自立できないでいる」と言い続けているのでは、これじゃあ韓国人と少しも変わらないと思いました。情けないですね。

ケント　そうでしょうね。言い続けているばかりでは何も変わりません。

憲法を押し付けられた幣原《しではら》首相の苦悩

加瀬　日本の中には、「これは押し付け憲法ではない」と説く学者がかなりいます。その人たちは、幣原《しではら》喜重郎《きじゅうろう》首相が日本国憲法をマッカーサーに進言したのだから、押し付けではないと言うわけです。

ところが終戦直後に、日本が独立を回復した後に、軍備をまったく持たずにやっていけるなどと、そんな突飛《とっぴ》な発想を持った人は、幣原を含めて誰《だれ》一人いなかったと思います。仮《かり》に百歩譲《ゆず》って、幣原首相がそう言ったとしても、幣原ひとりが気が狂《くる》って言い出したにすぎないことです。

幣原内閣の厚生大臣で、のちに首相となった芦《あし》田均《だひとし》が日記を残しています。そこに、幣原内閣が閣議で憲法改正政府草案を承認したときの模様を、次のように書いています。「幣原首相は特に発言を求め、次のようにいわれた。『かような憲法草案を受諾《じゅだく》することは、極めて重大な責任である。おそらく、子々孫々に至るまでの責任であろうと思う。この案を発表すれば、一部の者は喝采《かっさい》するであろうが、また一部の者は沈黙を守るであろう。しかし、深く心中、われらの態度に対して憤激《ふんげき》を抱《いだ》くに違いない』。この発言に閣僚の中には、涙をふいたものが多かった」

この憲法を承認してしまえば、後世の日本人から強い批判を浴《あ》びることになるだろう、閣僚の中には涙を流した者もいる、というのです。幣原首相が自分がマッカーサーに進言していたとしたら、そんなことを発言するはずがないじゃないですか。

ケント　憲法については、誤解も多いけれども、嘘《うそ》も多いということです。

加瀬　当時の日本人で「この憲法はいい」なんて思った人は、いないでしょう。だって、あの朝日新聞ですら、占領下だったのにもかかわらず、「この憲法はおかしい」と繰り返し批判しているのですよ。

ケント　吉田茂元首相も、自分のイニシャル「S・Y」をもじった「素淮《そわい》」という雅号《がごう》で、

「新憲法 棚のだるまも 赤面し」という俳句を残していますよね。一九四七（昭和二十二）年二月に、出身地である高知に帰郷したときの一句でしたから、前年十一月三日の日本国憲法の公布から約三ヵ月後であり、吉田茂はすでに現職の総理大臣でした。もしこの俳句の話がマッカーサーに知られていたら、吉田首相が公職追放になっていたことは確実です。このときの色紙は現在、憲政記念館に保管されていると聞きました。そもそも主権国家が他国の命令で軍隊を奪《うば》われるというのは、私たち男性が男性器を去勢《きょせい》されるようなものです。赤面するほど恥《は》ずかしくて当たり前です。

私は、幣原喜重郎首相の後《のち》の発言については、童話『泣いた赤鬼』に出てくる「青鬼」のように、友達である「赤鬼」の幸せのために、自分の立場を悪くする嘘《うそ》をわざとついたのだと考えています。日本人は「自分を守るための嘘は悪い嘘だけど、他人を守るための嘘は良い嘘だ」と考えていますからね。これが欧米の場合は、「自分を守るための嘘は当たり前だから許されるけど、他人を守るための嘘は偽証罪《ぎしょうざい》」となる。この日本と欧米の価値観の隔《へだ》たりは、かなり大きいと思います。

不戦条約の考えを実験的に採用させられた憲法九条

ケント　日本国憲法は、翻訳調《ほんやくちょう》の不自然な日本語にさえ目をつぶれば、全体を通して内容はそんなに悪くないと私は思うのですが、いくつかとてもおかしなところがありま す。その最たるものが第九条なのです。

マッカーサーは、部下に憲法草案の作成を指示したとき、「マッカーサー・ノート」というものを出しています。その指示書の一つめは、天皇を元首《げんしゅ》として残すこと。二つめは、第九条一項・二項にあたるもの。三つめは、天皇・皇族以外の貴族を廃止することでした。

結局、天皇は「元首」にならずに「象徴」になりました。そのことは、また考え直すこともあるでしょうが、実質的に天皇は「元首」のままなので、あまり悪影響は出ていません。最大の問題はやはり第九条です。

加瀬　私は、一九五〇年代にアメリカに留学して、ニューヨークのコロンビア大学に通いましたが、ヒュー・ボートンという教授がいました。戦前、教授は国務省の若い省員《しょういん》でした。その国務省時代、日米開戦の六ヵ月前に、コーデル・ハル長官がアメリカが日本と戦って屈服《くっぷく》させた後に、どのように日本を処理するか研究するチームを極秘裏《ごくひり》に作りました。

若き国務省員だったヒュー・ボートンは、極秘《ごくひ》を誓《ちか》った上で、そのメンバーになりました。まだ戦争が始まる前、日本が真珠湾《しんじゅわん》を攻撃する半年以上も前のことですよ。ルーズベルト政権は日本と戦って、日本を屈服させることをすでに決定していたわけです。

それで戦争が始まると、この研究チームに陸軍と海軍からもメンバーが加わって――まだ空軍がない時代でした――日本が降伏《こうふく》する前に、第一次対日講和条約案がまとめられました。その内容は、第一次世界大戦でドイツが敗れた後に強《し》いられたベルサイユ条約より、はるかに過酷《かこく》なものでした。日本は軍備を一切持ってはいけない、軍需産業《ぐんじゅさんぎょう》も禁じる、民間の航空機さえ一機も持ってはいけない、原子力・核の研究は永久に禁じるという内容です。

対日占領が始まると、アメリカはＧＨＱのマッカーサーに、それを下敷きにした政策を取るよう指示しました。現行の日本国憲法は、コーデル・ハルの研究チームが作った第一次講和条約に近いものです。

ケント　なぜ日本が一切の軍備を持ってはいけないとなったか。その背景は、第一次世界大戦の後に国際連盟ができたとき、戦争自体を禁止しようという議論が盛り上がったことにあります。

加瀬　不戦条約ですね。

ケント　はい。憲法第九条は、その考え方に基づいています。日本は、その考えを初めて、そして唯一《ゆいいつ》、採用させられた国です。だから実験的な意味もあったと思います。

それから、核兵器の出現によって国家間の全面的な通常戦争はもう不可能になってしまいました。だったら日本は一足早《ひとあしはや》く戦争自体を禁止すればいいじゃないか、不戦条約の考えをそのまま採用しよう、というマッカーサー自身の考えもあったと思います。第九条はこのようにして採用されたわけです。

ところがアメリカはすぐに後悔《こうかい》しました。米ソの冷戦が始まったからです。日本が一九五一（昭和二十六）年にサンフランシスコ講和条約に調印する前、当時は特別大使で、後《のち》に国務長官になったジョン・フォスター・ダレス氏が日本に来て、吉田茂首相に「憲法九条は改正した方がいいじゃないか」と言ったら、吉田首相は「いやいや、しばらく私たちは経済活動に専念《せんねん》する」と答えたのです。

その後、一九五三（昭和二十八）年十一月に来日したリチャード・ニクソン氏は当時まだ副大統領でしたが、同じように九条改正を提案しています。そこでも日本は後回《あとまわ》しにしたのです。当時、ソ連はモスクワに近いヨーロッパ側に対する関心の方が日本よりも高かったですし、中国の脅威《きょうい》もそれほどではなく、中国国内は大躍進政策、文化大革命と自滅的なことばかりやっていましたから。

日本は無条件降伏をしたという誤《あやま》り

加瀬　日本のマスコミや歴史教科書は、「日本はポツダム宣言を受諾《じゅだく》して、無条件降伏した」と記していますが、とんでもない！　日本は〝無条件〟降伏をしたのではありません。これは、事実にまったく反しています。

ケント　そうですね。きちんと〝条件〟がありましたよ。

加瀬　〝条件つき〟降伏なのです。ポツダム宣言の第五条には「我々《われわれ》の条件は以下の条文で示すとおり」と書いてあって、日本に降伏するように求めているのです。

ケント　条文の中に〝条件〟という言葉自体もしっかり入っていますね。「無条件降伏した」と言っている人たちは、だれも英語を読めないのかな？

加瀬　しかも〝無条件〟降伏を求めているのは、日本の〝軍隊〟のみについてです。決して〝日本国〟の無条件降伏ではありません。ドイツが国家も含めて無条件降伏したのと、違います。これも、特攻隊をはじめ多くの島で玉砕《ぎょくさい》した軍人たちが、勇戦したおかげです。

それにアメリカ占領軍は、さらに「ポツダム宣言」違反を行っています。それは、「日本全国を占領する」とは書いていないのに、そうしたからです。条文では「日本国領域内の諸地点」とあります。これは部分占領という意味です。

これらのことについて、昭和二十(一九四五)年九月にアメリカ軍が進駐《しんちゅう》してくると、重光《しげみつ》葵《まもる》外務大臣がすぐにマッカーサーに、「われわれは無条件降伏したのではない。これでは約束が違う」と抗議しています。ところが、マッカーサーに「それでは天皇の身の安全を保障できない」と言われると、日本側としてはもう何も言えない、ということになったのです。

ケント　天皇のことを持ち出されると、日本は黙《だま》るしかないでしょうね。

加瀬　それで占領軍は、味をしめるわけです。

ケント　日本が無条件降伏したというのは、ＧＨＱが占領政策を有利に進めるために世界中と日本国内に広めたプロパガンダです。ポツダム宣言の条文をよく読めばすぐわかることなのに、国会議員の多くですら、日本史の教科書にそう書いてあるからという理由だけで、「日本は無条件降伏した」と思い込んでいる。まったく情けない話です。

加瀬　教科書が嘘《うそ》を書いているのは、ひどい話ですね。

日本人の誇りを失わしめた「ウォー・ギルト・インフォメーション・プログラム」

ケント　占領軍が行った「ウォー・ギルト・インフォメーション・プログラム」には、四つの柱があります。

一つは「検閲《けんえつ》制度」、プレスコード違反の取り締まりです。

二つめは「教育改革」を行って、日本人に自虐史観《じぎゃくしかん》を教え込むこと。

三つめは「東京裁判」で、日本が犯罪国家で悪かったと確定すること。

四つめは「憲法」を押し付けて、第九条によって日本を二度と戦うことの出来ない国にすることです。自分たちは戦う資格のある国ではない、と思わせることでした。

この四つの柱によって、日本人の誇りを抑《おさ》えつけようとしたわけです。なぜ日本人に対して、自分たちが悪かったと思わせる必要があったのか。こんな話があります。新渡戸稲造《にとべいなぞう》は『武士道』という本を英語で書き上げました。その目的は、日本は平和な国だということを欧米人に紹介するためだったわけです。ところがアメリカでは、そう理解せず、たんに武士という軍人に長年支配された、野蛮《やばん》な国だと思わされたのです。中華民国の蒋介石《しょうかいせき》総統が、容姿端麗《ようしたんれい》で流暢《りゅうちょう》な英語を話す妻の宋美齢《そうびれい》をアメリカに送り込んで、そのようなプロパガンダ講演を全米で行わせたからです。でも、第二次世界大戦で実際に日本軍と戦ってみると、その勇猛果敢《ゆうもうかかん》な戦いぶりが確かにすごい。アメリカはとても脅威《きょうい》に感じました。このような勘違いに基づいて、アメリカの日本に対する戦後政策、占領政策がつくられた部分もあるのですよ。

加瀬　悪かったのは、一方的にアメリカです。おいおい話してゆきますが、日本政府が日米開戦の寸前まで、誠心誠意、平和への努力をしたのにもかかわらず、アメリカははるか前から日本と戦って、日本を叩《たた》き潰《つぶ》すことを決定していました。アメリカにこそ、「ウォー・ギルト」（戦争責任）があります。アメリカこそ、野蛮《やばん》な国でした。開戦に至った日米交渉を通じて、日本側はアメリカも平和を求めていると信じて、何とかして戦争を避《さ》けよう懸命になって努めました。だが、アメリカによって最後まで騙《だま》されてしまいました。

私は、福田赳夫《ふくだたけお》内閣と中曽根康弘《なかそねやすひろ》内閣で外交の第一線に立ちましたが、日本人は鏡の前に立って自分の姿を見るように、相手の国も日本と同じように徳義《とくぎ》に厚《あつ》く、誠実だと思い込みがちです。日米交渉がまさにそうでした。苦《にが》い教訓ですね。

ケント　「ウォー・ギルト・インフォメーション・プログラム」の四つの柱の一つである「検閲制度」についてですが、GHQの検閲は徹底したもので、映画、ラジオ、新聞、書籍、雑誌といったマスメディアだけでなく、小劇場で舞台を演じるときすら、事前にセリフの台本だけでなく音楽の選曲までGHQに提出して承認されないと公演できなかったと、亡くなった永六輔《えいろくすけ》さんが生前にテレビで語っておられました。

民間検閲支隊の総数は六千人にもおよび、手紙や電報も検閲対象でした。メンバーの多くは日本語の読解力だけでなく英語も得意な若き日本人エリートであり、高給で雇《やと》われていました。彼らは国や同胞を裏切っていたという負《お》い目《め》からか、ほとんど全員が自分が民間検閲支隊の一員だった事実を家族や周囲にも死ぬまで隠しとおしました。その後は大学やメディアの仕事に就《つ》いた人が多かったと聞いたことがあります。

「日本は野蛮《やばん》な国」という思い上がりから始まった占領軍の教育改革

ケント　「ウォー・ギルト・インフォメーション・プログラム」の四つの柱のうち、「教育改革」で何が行われたかということについて触れておきたいと思います。

それは、日本の国益を考えた歴史を教えてはいけないということです。どこの国でも、子供たちが祖国を誇りに思うような教育を行うものです。ところがＧＨＱは、日本人に贖罪意識《しょくざいいしき》を植え付けるための教育しかさせなかった。「日本は悪かった」「あの戦争は侵略戦争だった」と教えろということです。それを教育現場に強制させたのですね。

教育改革を実施するため、ＧＨＱは教育者を入れ換えました。公職追放を行って戦時中までの良い教師をクビにしました。残った教師は、仕方がないからＧＨＱの意向に従《したが》うしかなくなります。そして教職員の労働組合がつくられていきました。日教組や高教組です。その中には共産党の勢力が入り込んでいました。彼らには、「ウォー・ギルト・インフォメーション・プログラム」どころではない、日本そのものを破壊してしまいたいという思惑《おもわく》が、戦前からあったわけです。

この問題は現在においても引きずっていて、教育現場は今日《こんにち》に至るまで、どうしようもなく「反日」です。国公立の大学などもひどいものです。東京大学の教職員組合などは、共産党そのもののような言動を繰り返しています。大学生協も左翼の巣窟《そうくつ》です。

加瀬　教育改革の根底にあるのは、誤《あやま》った日本観です。

マッカーサーは、典型的な思い上がった白人、キリスト教徒でしたから、日本が野蛮《やばん》な国だと思っていました。『マッカーサー回顧録』を読むとよく分かりますが、神道《しんとう》は前世紀的なものであると書いています。近代日本が、中世ヨーロッパの暗黒時代にあるように書いているのです。

そこでマッカーサーは、日本の全国民をキリスト教化することを決めていました。笑うべきことですが、それを真剣に考えていたことは、副官が書いた回想録にも見られます。マッカーサー元帥《げんすい》を喜ばせるため、「これだけキリスト教徒が増えました」と、水増しした数字を挙げて、定期的に報告していたというのです。マッカーサーはそのために、東京に国際基督《キリスト》教大学（ＩＣＵ）を創《つく》りました。

だから、クリスチャンだった片山哲《かたやまてつ》（日本社会党委員長）が首相になったときには、マッカーサーは両手《もろて》を挙《あ》げて喜びました。中華民国の蔣介石《しょうかいせき》総統、フィリピンのマニュエル・ロハス大統領がクリスチャンで、「片山氏が首相となったことによって、アジアのキリスト教化が完成することになる」と言って、手放しで大喜びした。（笑）

アメリカの占領政策は、滑稽《こっけい》な喜劇的なことがいくらでもありますね。無法きわまる占領が終わって、もう六十五年以上になります。だから、もうアメリカを赦《ゆる》してやって、歴史のヒトコマとして研究するのはよいとして、占領時代は過去のものとして忘れるべきですよ。

現在、日本で政教分離を真面目《まじめ》に信じている人たちが、国家行事や地方自治体の行事を〝無宗教〟で行うことが、当然だと思っています。ところが、世界中の国々をみると、共産国、それに儒教《じゅきょう》の韓国を除《のぞ》けば、〝無宗教〟で行っているのは日本ぐらいのものです。〝無宗教〟というのは〝無神論〟ということでしょう。国家が無神論を宣伝し、国民に無神論を強《し》いているようなものですから、おかしなことです。国にそんな権利はありません。

これも結局は、神道を野蛮なものだと断じたＧＨＱの無知と偏見《へんけん》が、いまだに日本中を支配している証《あかし》です。戦争に負けたとき、もし日本がアメリカの植民地だったフィリピンと同じようにキリスト教国だったら、政教分離みたいなバカげたことを強制されることがなかったでしょう。

ケント それは絶対になかったですね。

ヘレン・ミアーズというアメリカ人女性学者が書いた『Mirror for Americans : JAPAN（アメリカの鏡・日本）』という本があります。その原著で彼女は、三三〇ページにわたって次のようなことを述べています。

われわれアメリカ人は、日本人が近代以前から好戦的民族だと信じ込まされてきたけれども、どの時代にあっても欧米諸国と比べてもきわめて平和主義的な国家だった。東京裁判などで日本の軍事行動を裁き、占領政策を推《お》し進《すす》めてきたけれど、その前提となる日本人に対する考え方のすべてが間違っていたというのです。

その本は、ミアーズがＧＨＱの諮問機関《しもんきかん》「労働政策十一人委員会」のメンバーとしての役割を終えて、アメリカに帰国した一九四八(昭和二十三)年に出版されました。

それをミアーズと交流のあった日本人翻訳家《ほんやくか》が日本語で出版しようとしたのですが、マッカーサーは「占領が終わらなければ、日本人は、この本を日本語で読むことはできない」といい、自ら発行禁止処分を下《くだ》したのです。まだ占領期間中でしたからね。「アメリカの反省」というタイトルで翻訳本が最初に日本で発売されたのは一九五三(昭和二十八)年でしたが、あまり話題になりませんでした。ＧＨＱに協力してきたマスメディアが、自分たちの裏切り行為を知られたくなかったのでしょう。一九九〇年代にミアーズの原著を再発掘した日本人有志がいて、いまは現代的な日本語訳で誰《だれ》でも読めます。

加瀬　ヒトラーのナチス・ドイツが、ユダヤ人による本をことごとく〝焚書《ふんしょ》〟したのは有名ですが、ＧＨＱも占領下の日本においてまったく同じことを行ったのです。

日本をドイツと同一視《どういつし》して裁いた東京裁判

ケント　「ウォー・ギルト・インフォメーション・プログラム」の三つめの柱である「東京裁判」については、問題点が山ほどあります。特にひどいのは「事後法《じごほう》」によって裁いたということです。これは気に食わない人物がいたら、権力者はその人物を必ず犯罪者にして裁けるという意味であり、法律家の一人として絶対に許せません。

それに、大日本帝国をナチス・ドイツと同列に見たというのもひどい。要は、昭和天皇をヒトラーのような独裁者だと考えたのですね。しかし昭和天皇はまったく独裁者ではありませんでした。それに日本は、ナチス・ドイツのように一つの民族を抹殺《まっさつ》しようとしたわけでもありません。

ニュルンベルク裁判をみると、ドイツ軍というのは裁判の被告対象になっていないのです。ナチスというテロリスト集団だけが被告対象です。

では、なぜ日本の東京裁判では、日本軍が被告対象になるのか。それはナチスに相当するものが日本に無いために、日本軍をそのように見立てて裁いたわけです。本当にひどい話で、国際法に照らしてもルール違反ですよ。

太平洋戦争を対象にして「戦争犯罪」を裁くのであれば、アメリカ軍による原爆投下や大規模集中的な無差別空襲も裁かないとだめでしょう。そこに非戦闘員がいるとわかった上で攻撃しているわけですから。アメリカ軍の行為は明白な戦時国際法違反です。

加瀬　日本について、まったく無知だったのですね。昭和天皇が独裁者だったとか、東《とう》條《じょう》英機《ひでき》が独裁者だったと信じていましたが、事実とはまったく違いますね。東條大将は陸軍の参謀総長《さんぼうそうちょう》も兼《か》ねたために、陸軍は指揮できましたが、海軍はまったく指揮できませんでした。そんな独裁者はいませんね。

ケント　ドイツは独裁政権でしたが、日本はきわめて民主主義国家だったわけでしょう。

加瀬　東京裁判では、被告達が「侵略戦争を共謀《きょうぼう》して始めた」という共同謀議《きょうどうぼうぎ》の罪で裁かれました。東京裁判が対象にしたのは、満洲事変《まんしゅうじへん》から真珠湾攻撃による開戦までの十年間です。その間、日本で内閣がいくつ替《か》わったと思いますか？　十三回ですよ。首相は、若槻禮次郎《わかつきれいじろう》から東條英機までの十人です。このうち近衛文麿《このえふみまろ》内閣が第三次までありましたから、十三回も内閣が交替しています。十年間で内閣が十三回も替わったら、一貫した戦略も共同謀議もあったものではない。

それから、こんなバカげたこともありました。東京裁判では広田弘毅《ひろたこうき》という首相、外務大臣が、文官として唯《ただ》一人のA級戦犯として死刑になりました。広田弘毅は福岡にあった「玄洋社《げんようしゃ》」のメンバーでした。「玄洋」というのは、博多湾の沖合《おきあい》を呼ぶ地名ですが、東京裁判では「Dark Ocean Society（ダーク・オーシャン・ソサエティ。暗海団）」と訳したのです。また広田は、アジア主義団体の「黒龍会《こくりゅうかい》」ともつながりがありました。「黒龍」は黒龍江《こくりゅうこう》、アムール川のことですが、それをおどろおどろしく「Black Dragon Society（ブラック・ドラゴン・ソサエティ）」と訳しました。いかにもおどろおどろしくて、邪悪《じゃあく》に響《ひび》くでしょう。

今のアメリカだったら、日本を相対的に見ることができますから、東京裁判も「ウォー・ギルト・インフォメーション・プログラム」も成り立たなかったと思います。とにかく、一九一〇年代、二〇年代、三〇年代、四〇年代のアメリカは国内で黒人を動物扱《あつか》いにして、とくに南部ではほしいままにリンチを加えていた野蛮《やばん》な国でしたから、日本も野蛮な国に見たのでしょうね。

ケント　そういう日本を非難するプロパガンダは、一九三〇年代から中国がアメリカ国内で一所懸命に行いました。そのプロパガンダもあって、きわめて反日だったのがフランクリン・ルーズベルト大統領です。

実は、ルーズベルト大統領の母方の祖父は、二十五歳のときに中国に渡ってアヘン貿易で大きな財《ざい》を成《な》したウォーレン・デラノです。彼は中国人をアヘン漬《づ》けにしてボロ儲《もう》けしたその財を、アメリカに持ち帰ったわけです。ルーズベルト家のハイドパークにある家はハドソン川を望む広大な邸宅《ていたく》として有名です。

ＦＤＲの別名で知られるフランクリン・デラノ・ルーズベルトのミドルネーム「デラノ」は、この母方の家の名前です。アヘン貿易と奴隷貿易《どれいぼうえき》は密接に関わり合っていますから、ルーズベルトは根っからの人種差別主義者ではありますが、日本と中国のどちらを取るかと言われれば、それは中国をとりますよ。自分の一族の繁栄に深いつながりがあるわけですから。

加瀬　中国による工作が、ひろく浸透《しんとう》していたんですね。

ケント　今も同じですよ。アメリカには中国勢力がものすごく入り込んでいるでしょう。

サンフランシスコを拠点とする中国系団体で、中国共産党のプロパガンダ機関と考えられている「世界抗日戦争史実維護連合会（抗日連合会、グローバル・アライアンス）」は、全米に慰安婦像を建てる活動を行っています。過去にはアイリス・チャンという中華系の女性がほとんど妄想《もうそう》で書いたとしか思えない『ザ・レイプ・オブ・南京』という書籍を、全米ベストセラーにしたこともあります。南京大虐殺が史実だと信じているアメリカ人が多いのは、この本が大ヒットしたせいです。

数多くの大学に設置された「孔子学院」というのも、ＦＢＩ（アメリカの連邦捜査局）は中国共産党の工作機関だと考えています。中国人はこのようなプロパガンダ戦略が太古の昔から本当に得意です。

〝平和ボケ〟から目覚めつつある日本

ケント　私がすごく疑問に思うのは、この「ウォー・ギルト・インフォメーション・プログラム」を、なぜ日本のリベラルの人たちが現在に至っても守ろうとしているかです。歴史を全然勉強していないですよ。何のためにそれを守ろうとしているの？　日本にとってどこが得なの？　さっぱり分からない。

憲法九条を守ろうとする人たちは、「平和憲法」と言うけれど、これは「アメリカの平和」のための平和憲法なのだから、日本の平和とは因果関係《いんがかんけい》がありません。そもそも日本は平和ではないと思いますよ。なぜかというと、独自の戦争抑止力を持っていないからです。しかし、百歩譲《ゆず》って今の日本が平和だとしても、それは憲法のお蔭《かげ》でなく、アメリカの〝核《かく》の傘《かさ》〟に入っているからでしょう。

加瀬　人類の歴史を見ると、軍事的な空白ができれば、周辺の勢力がすぐにそれを埋《う》めますよ。

ケント　そうです。南シナ海を見れば、それが事実だと誰《だれ》だって分かります。いま中国がものすごい勢いでスプラトリー諸島の島々に、滑走路や軍事施設をつくって実効支配しているではないですか。「南シナ海はもともと中国の領海である」と領有権を主張しています。習近平は国際法を守る気などサラサラないし、「言ったもの勝ち」「獲《と》ったもの勝ち」だと考えていますよ。

中国は何千年も昔から同じことをやっている。現代的な国際人としての常識を持った中国人は、騙《だま》し合《あ》いや裏切りが当然という中国共産党や人民解放軍の内部では、必ず闘争に負けて失脚します。国ごと「仁義なき戦い」の世界です。

韓国の文在寅《ムンジェイン》大統領は、国家間で締結《ていけつ》された慰安婦に関する日韓合意にしつこく文句を言っています。北朝鮮の金正恩《キムジョンウン》朝鮮労働党委員長は、自分の地位を脅《おびや》かすものは、叔父《おじ》だろうが実兄だろうが殺してしまいました。外交とは、そのような血も涙も常識もない連中を相手にするものだという自覚が、日本人には足りないと思います。外交では「軍事力」という後《うし》ろ盾《だて》がなければ、どんな正論も通らないのです。

加瀬　日本は〝平和ボケ〟していると言うけれども、戦後、日本の周辺が〝平和〟だったことは一度としてありません。

戦後すぐに米ソの冷戦が始まりました。ソ連が崩壊《ほうかい》すると、今度は中国の脅威《きょうい》が募《つの》ります。日本の周りは常に緊張していて、危機的な状況にあってきたわけです。

それでも日本が平和でいられたのは、もちろん憲法のお蔭《かげ》ではなく、アメリカが守ってくれたからです。これを〝平和ボケ〟と言うのはおかしな話で、正しくは〝保護ボケ〟と呼ぶべきでしょう。

ケント　私に言わせたら〝依存症〟です。それも〝重度の依存症〟と呼ぶべき、ひどい状態ですよ。

日本人は長い間、自分たちの平和について深く考える必要がなかったから、肩書きだけが偉い人の言うことを鵜呑《うの》みにしてしまうのです。これを私は「権威依存症《けんいいぞんしょう》」と呼んでいます。その権威依存症と共に、マスコミをなぜか妄信的《もうしんてき》に信じているのです。N

ＨＫや朝日新聞、共同通信などの大手マスコミこそが、日本人に自虐史観を植え付ける上で大きな役割を果たしてきたのに、そんな大手マスコミの報道に疑念を抱《いだ》く知性を持たない日本人が、まだたくさんいる。その状態が日本社会にはずっと続いています。

テレビと新聞は、戦後、「ウォー・ギルト・インフォメーション・プログラム」に支配されたままです。「プレスコード」で批判を許されなかったものを、今でも積極的には批判しません。批判が許されない対象には、中国も入っていました。それに韓国もそうです。だから多くのマスコミ、つまりテレビやラジオ、新聞は中国や韓国を批判しません。いまだにこれらの国々の顔色ばかり窺《うかが》っています。

ところが私が思うに、インターネットの出現によって、この「権威依存症」は壊《こわ》れつつある気がします。「権威」やマスコミのいい加減さがネットで暴露される時代になった。やっと真実が伝わるようになったと、最近は感じています。

第2章

日本やアメリカを蝕《むしば》むリベラル思想

開戦前から日本への攻撃を画策《かくさく》していたアメリカ

加瀬　真珠湾攻撃以前に何が起こったのか、話したいと思います。日本は、アメリカが日本と戦って叩《たた》き潰《つぶ》そうと決めていたとは、夢にも思っていませんでした。日本が善良な国だから、相手国もそうだと思い込んでしまう欠点があります。ルーズベルト政権は、ケントさんが言うように、最初から反日です。

ケント　ほとんどのアメリカ人は、今でも真珠湾攻撃は〝奇襲攻撃《きしゅうこうげき》〟だと思っているでしょう。ルーズベルト大統領がそれを誘発《ゆうはつ》したとは知りません。

しかし、徐々《じょじょ》にではありますが、アメリカが日本を戦争に追い込んだという認識は広がりつつあります。

加瀬　先の戦争は、アメリカが一方的に悪かった戦争です。それに、アメリカはアジアの状況をまったく理解していませんでした。ルーズベルトの前任者のフーバー元大統領は炯眼《けいがん》だったから、よく分かっていましたが、日本がいるからこそ、中国大陸と朝鮮半島が共産化しなくて済《す》んでいたと説いています。アメリカはその安定していた構図を愚《おろ》かにも壊《こわ》してしまいました。『フーバー回顧録』で「ルーズベルトは狂人《マッド・マン》だった」と、強く非難していますね。

ケント　ルーズベルトは、「アメリカはなぜ日本との貿易を完全に凍結しないのか」と尋《たず》ねられたときに、自ら言っています。「そんなことをしたら、日本は資源が無くなってどうしようもなくなるから、東南アジアに進出しますよ」と。それが分かっていたのです。分かっていて、最終的には石油や鉄くずの貿易を完全に凍結《とうけつ》したでしょう。ルーズベルトは、その結果どうなるかというのもすべて分かっていたのです。

だから、真珠湾攻撃――アメリカでは十二月七日ですが――わずか三日前の十二月四日には、『シカゴ・トリビューン』という大きな新聞に「ルーズベルトの戦争計画」としてすべて出ているわけです（http://www.freerepublic.com/focus/f-chat/2815901/

posts)。それは紙面で三面ぐらいに及《およ》んでいます。ヨーロッパでの戦争のためにどれだけの物資と兵隊が必要であるかや、日本と戦うためにはどれだけの予算と物資が必要であるかなど、すべて書いてあるのです。真珠湾攻撃の前に、ですよ。

それにハワイの新聞でもその頃《ころ》、「来週戦争が始まるかもしれない」という新聞記事が出ています。

加瀬　開戦前に、ルーズベルトの「戦争計画」が新聞に大きく報じられていたというのは重要な資料です。それだけで日本が、ルーズベルトが仕組んだ罠《わな》にかかったのであって、「騙《だま》し討《う》ち」したのではない立派な証拠になります。

アメリカが日本との戦争を準備していた事実は、ほかにもあります。

昭和十六(一九四一)年に日本が真珠湾を攻撃する六ヵ月も前ですが、アメリカは蔣介《しょうかい》石《せき》政権にB17という当時最大の爆撃機を一五〇機、それに戦闘機を三五〇機、合わせて五〇〇機を供与《きょうよ》して、その機体には米軍であることをカモフラージュさせるために、蔣介石政権の青天白日のマークを付けることにしました。しかも統合参謀本部に命じて、アメリカ兵のパイロットに操縦《そうじゅう》させ、東京、横浜、京都、神戸、大阪の五つの都市を奇襲攻撃して焼き払う計画を立て、ルーズベルトがこれを承認しているのです。

当時、日本は戦争を回避するために、誠意を尽くして対米交渉を行っていた最中《さなか》にあって、アメリカは日本を騙《だま》し討《う》ちにすることを決定していたのです。

ルーズベルト大統領が「承認する」と署名した公式文書も、残っています。十数年前、アメリカのABCテレビがこの文書を発見して報道しました。ところが、日本ではこの大ニュースが一切報道されませんでしたね。

しかし、この奇襲爆撃計画は頓挫《とんざ》してしまいます。というのは、一九三九（昭和十四）年にすでにヒトラーがポーランドに侵攻《しんこう》して、ヨーロッパで第二次世界大戦が始まっていました。ヒトラーが全ヨーロッパ大陸を制覇《せいは》し、イギリスは苦しい孤独な戦いを強《し》いられていました。そこでチャーチル英首相がルーズベルトに「大至急、爆撃機と戦闘機を供与してほしい」と要求したものだから、日本を奇襲爆撃するために用意されていた爆撃機と戦闘機を、イギリスに回すことになったのです。

ケント　蔣介石政権への供与を準備したのは「JB―355」という秘密作戦の話ですね。あの行為は、明らかな国際法違反ですよ。また国際法違反であると同時に、アメリカの国内法違反でもあります。「中立法」という国内法を犯しているのですから。

加瀬　中立法がありながら、アメリカは蒋介石政権にアメリカ人のパイロットを……。

ケント　一応《いちおう》は、退役させてからですがね。パイロットと整備士それぞれ一〇〇人ずつ。

加瀬　退役させてあっても、ちゃんと給料が軍から支払われていたのですよね。

ケント　そうですね。それも一般的なアメリカ兵の倍額です。当時ではすごい高給待遇《こうきゅうたいぐう》になります。

加瀬　日本はまったくそのことに、気がついていませんでした。今でもそうですよ。誠実な国だから「相手の国がそんな悪い事をするはずがない」という思い込みがあります。こんなお人好しの国なので、「諸国民の公正と信義に信頼して」軍備をいっさい持たないという憲法を押し付けられても、今日《こんにち》まで後生大事《ごしょうだいじ》にしているのですよ。

私は一九七二（昭和四十七）年に、日中国交正常化が行われたときに、朝日新聞に煽《あお》られて「日中友好」に浮かれていた世論を批判しましたが、日本はまさに熱病に冒《おか》されていましたね。中国に対して、長い間まともな国だという幻想《げんそう》を抱《いだ》いていましたが、最近になって、ようやく目が覚めましたね。

それに、私はチャーチルがあそこまで愚《おろ》かなリーダーだったと、思いもしませんでした。チャーチルは日本では人気が高いですが、歴史を見る眼がない。世界をおかしくしたのは、チャーチルにその大きな責任があると思います。

ヒトラーがポーランドを侵攻したときに、イギリスはポーランドを救う能力をまったく持っていませんでした。それにもかかわらず、イギリスはポーランドと条約を結んでいたために、参戦しました。イギリスとしては、放っておけば良かったのです。そうすれば、ヒトラーとスターリンがお互いに相手を滅ぼし合うことになった。イギリスとフランスが参戦しなければ、ヒトラーはモスクワまで占領していて、ソ連を潰《つぶ》したでしょうね。

このチャーチルの愚かな決断によって、日本が対米英戦争に巻き込まれてしまったわけです。イギリスがポーランドを救うために、ドイツに宣戦布告しなければ、ルーズベルトがイギリスを救うために日本を罠《わな》にかけた日米戦争は、起こらなかったはずです。

チャーチルは歴史を大きく読み違えたために、大英帝国まで失ってしまった。その後、ポーランドはソ連が一九九一(平成三)年に自滅するまで、五十年以上にわたってソ連が支配する衛星国となって、独立を奪《うば》われていました。

ケント　そうですね。イギリスが参戦しなければ、日米戦争は起こらなかったかも知れません。ヒトラーとスターリンがお互いに潰《つぶ》し合っていた――その発想は初めて聞きましたが、とてもおもしろい考えです。

　第一次世界大戦が終わった後、各国が軍縮に向かいました。どんどん兵器を減らし、日本もワシントン海軍軍縮条約に加入して軍縮を行いました。その軍縮を守らなかったヒトラーが、第二次世界大戦の最初のころはうまく勝ち進んで周辺国に侵攻したわけです。

　結局、軍隊を持ってはいけないとか、あまり軍が強くてはいけないという考え方は、逆に国を滅ぼしていくのです。その考え方は歴史を見てもおかしいのがよく分かります。だから、日本の左翼の人たちの考えでは国は滅びてしまいますよ。いや、むしろ日本を滅ぼしたい人も、左翼の中には意外と多いのかもしれませんね。

日本やアメリカを蝕《むしば》む共産主義勢力

加瀬　私は朝日新聞の論説委員長だった森恭三氏と親しかったのです。私がアメリカに人脈をもった若いアメリカ屋だったので、時々、ご馳走《ちそう》してくれました。それなりに魅力《みりょく》がある人でしたね。

日本が真珠湾を攻撃したとき、森氏はニューヨークの特派員でした。森氏は党員ではありませんが、もともと共産主義者です。だから、日本が真珠湾攻撃を行ったというニュースをニューヨークで聞いたとき、一緒にいたドイツ人、スペイン人、アメリカ人と自分の四人で、「これで日本が滅びる」と大喜びしたそうです。そこで、それぞれの母国語で『インターナショナル』（社会主義・共産主義の革命歌）を合唱したといいます。森氏はそのときのことを回顧して、「これほど感激したことはなかった」と書いています。そういう人が『朝日新聞』の論説主幹という、トップになるわけですからね。

コミンテルンの策謀《さくぼう》によって、ルーズベルト政権の内部にも共産主義者がずいぶん入り込んでいました。あのコーデル・ハル国務長官がそれまで日米交渉で営々として積みあげたものを、〝ちゃぶ台返し〟のように破壊して日本への最後通牒《さいごつうちょう》として発したのが『ハル・ノート』ですが、その原案をつくった財務次官補のハリー・ホワイトも、ソ連のスパイでした。

ケント　日本も同じです。近衛文麿内閣は共産主義者のスパイだらけですよ。

加瀬　内閣書記官長や司法大臣を務めた風見章《かざみあきら》や、リヒャルト・ゾルゲの相棒で共産主義に心酔《しんすい》していた尾崎秀実《おざきほつみ》もそうですね。もっとも、尾崎は女と酒にだらしがない遊び人で、多額の遊興費をゾルゲにたかっていました。

それから軍部にも多いのです。二・二六事件で暴走した青年将校たちも、赤い思想(共産主義)に蝕《むしば》まれていました。大本営の陸軍参謀本部で戦争指導班長だった種村佐孝《たねむらさこう》大佐も、そうです。敗戦とともに、日本共産党に入党しています。一九三〇年代、四〇年代には、資本主義諸国でロシア革命に対する憧《あこが》れが強かったから、日本でも共産主義の同調者が多かったのですね。

ケント　あの時代は、アメリカでも共産主義が何かひとつのファッションのようなものだったのでしょう。理想的な主義主張だとして、インテリが飛びついたわけです。そうした勢力と懸命に戦ったのが、ロナルド・レーガン大統領でした。彼はハリウッドに入りこんだ共産主義者を探す元ＦＢＩの協力者で、そのコードネームも持っていますよ。

加瀬　戦後の世界を救ったなかに、レーガン大統領もいますが、ジョセフ・マッカーシーがいますね。あの時代のアメリカを建て直した、偉い人ですよ。

ケント　マッカーシーは、反共主義の持ち主で、〝赤狩り〟といって共産党員やそれと疑わしき人を排撃《はいげき》しました。彼に対しては「赤狩りがいけなかった」とか「人権侵害問題だ」と言う人がいますが、マッカーシーによってアメリカがかなり浄化《じょうか》されたことはまぎれもない事実です。

加瀬　左翼マスコミでは、マッカーシーをナチス同様にみなして非難しますが、事実はそうではありません。そういった意味でも、日本にはいまだ自浄能力がないと言えますね。

ケント　日本はその点で異常ですよ。私に言わせれば、この国は〝病人〟です、それも重度の病気にかかっています。内臓がかなり腐敗《ふはい》している感じがします。

まず教育機関がだめでしょう。メディアもだめです。政治はまともな野党がほとんどいないわけですから民主主義が機能していません。それから国の防衛能力が欠けています。いろんなところに深刻な〝病状〟が現れていますよ。

トランプ大統領の出現によってもたらされたもの

加瀬　戦後も、すでに七十年以上たちました。私はいまだに、「アメリカが悪かった」「アメリカの占領政策や東京裁判が悪かった」と言うばかりでは、ならないと思います。それは過去のこととして、いまは「日本はこのままでよいのか」と、国民自身が真剣に考えるべきですよ。

ケント　おっしゃる通りです。そもそもアメリカはこれまで、「日本という国は大丈夫か」などと考えたことはありません。冷戦時代のアメリカにとって日本は、ただおとなしくしていればいい国、黙《だま》って協力してくれればいい国、というだけでしたから。

でも今は違います。「アメリカ・ファースト」のトランプ大統領の出現によって、それが変わってきています。トランプ氏によって、日本ではかなりの〝ショック療法《りょうほう》〟がいま行われているのではないでしょうか。

加瀬　トランプ大統領が素晴らしいと思うのは、これまで自分たちアメリカが世界を支配していて正しいのだという、思い上がりがなくなった点です。

オバマ前大統領――共和党の歴代大統領も含めて――までのアメリカは、「アメリカが日本や、他の世界の国々よりも道徳的に一段上にいる」という、思い上がりがありました。

それは、イギリスからメイフラワー号で新天地のアメリカに渡った清教徒《しんきょうと》たちが、「Exceptional（特別な）」という言葉を使うことによって表されるように、神の使命を受けた者として使命感を抱《いだ》いていたことから、発しています。それ以来、アメリカは丘のうえに築かれた神の国だという信仰がありました。それゆえ、アメリカの民主主義は素晴らしい、他の国々よりもわが国の方が優《すぐ》れている、という思い上がりがありました。

マッカーサーも野蛮《やばん》な日本を救ってやるのだという、浅薄《せんぱく》な使命感に駆《か》られていました。占領軍総司令官だった当時、傲岸《ごうがん》な表情を浮かべていましたが、勘違いした独善的なミッショナリー（宣教師《せんきょうし》）のものですね。

ところが、トランプ大統領が登場して、その思い上がりが無くなってしまった。アメリカを世界のなかの一国としてみて、日本に教えてやるぞ、というような高慢《こうまん》な態度がなくなりました。

ケント　だから日本に対しても「一緒に協力してやるぞ」という姿勢なわけですよ。NATO（北大西洋条約機構）のヨーロッパ諸国にも「なぜアメリカと同じように金を拠出《きょしゅつ》しないのだ、みんなで共同でやろう」と呼びかけているわけです。ある意味でとても民主的です。

そのトランプ氏が大統領になって、日本はちょっと慌《あわ》てましたね。アメリカは尖閣諸島《せんかくしょとう》は守ってくれるのか、そうではないのか。トランプ大統領の答えは、「私たちは日本の後ろにちゃんと付いていますよ」です。この「後ろに付いている」というのは、「前が動かないと、こっちも動かないぞ」という意味です。尖閣防衛の主役はあくまで日本だということです。

日米は真のパートナーとなり得るか――その鍵《かぎ》は「憲法改正」にあり

加瀬　アメリカは「日米安保条約のもとで日本を守る」と言っていますが、もしかすれば、「日本を守る」ことが出来ない場合もありえます。

いま、サウジアラビアで若い三十二歳のムハンマド皇太子が、サウジアラビアに脱石油経済を実現して、近代国家につくりかえようと、性急《せいきゅう》な大改革を行おうとしています。だいたい、中東で性急な改革を行うと失敗してしまいます。イランでは、モハンマド・レザー・パフラヴィー皇帝が「白色革命」を推進して、性急にイランの近代化を図ったために、ホメイニーを指導者とするイラン革命が起こりましたね。

私はこのサウジアラビアの改革は、うまくいかないだろうと思っています。その場合、アラビア半島が戦乱に陥《おちい》れば、現在、アメリカは東アジアと中東を同時に守れるだけの軍事力を持っていません。

日本はアメリカの軍事力による保護なしには、北朝鮮や中国の脅威《きょうい》から国を守ることができません。中国も北朝鮮も、日本に「平和憲法」があるから、まさか日本国憲法を尊重して、日本を攻撃しないなんてことは、ありえませんね。万一《まんいち》、アラビア半島がシリアか、イラクか、リビアのような状況に陥《おちい》ったら、日米安保条約が機能しなくなる可能性が高い。

ケント　それもありえることですし、そもそも「日本を守る」ことがアメリカの国益《こくえき》に沿《そ》わなければ、アメリカが日本を守らない可能性は高いでしょう。

加瀬　台湾のほうが、日本より安全です。アメリカ議会が「台湾関係法」を立法して、台湾が他国から――中国からです――武力攻撃を蒙《こうむ》った場合、政権に台湾を守らねばならないことを義務づけています。

日米安保条約はアメリカが必ず日本を守らなければならないことを、義務づけていません。

ケント　アメリカにすれば、台湾はあれだけ巨大な中国に面しているわけですから、やはり「われわれが守ってやらなければ」という意識があります。

ところが、日本はこれだけ大国であって、経済力もある。インフラだって全部できあがっている。軍事力だって実際にはあるのですからね。軍事力について言えば、使う意志がないだけで——これは心構《こころがま》えの問題であって——軍備に問題はありません。

だから、「アメリカが何で日本を守ってやらなければいけないのだ」「日本は自分で自国を守れよ」というのが、今後はアメリカ世論の主流になると思います。そうしたアメリカ世論が高まれば、否応《いやおう》なく日本人は国防に目覚めなければならなくなります。

いまの日本人の国防意識の希薄《きはく》さは、占領時代におけるアメリカの当初の考え方をずっと守っていることによります。しかし、いまアメリカはそれを望んでいません。実を言うと、六十年以上前からアメリカはもう望んでいないのです。朝鮮戦争が始まったときには、日本に対して再軍備をして強くなってほしいとすでに望んでいます。

望んではいましたが、ソ連との冷戦でアメリカはしっかりソ連と対峙《たいじ》していましたから、日本の防衛のことがそれほど気になりませんでした。

しかし現在は、日本が東アジアで活躍してくれないことには、アメリカは日本を〝真のパートナー〟だとは思いません。〝真のパートナー〟と思えなければ、日米安保条約は意味をなさなくなります。そもそも条約というのはお互いに〝平等〟でなければいけないわけですが、日米安保条約は〝不平等〟です。いざという時、〝不平等〟な条約ほど守られないものです。

加瀬　それに歴史を振り返ると、同盟条約は平和時には敵性勢力に対する〝抑止力〟になりますが、有事になると、それぞれの同盟国が自分の都合を優先して判断して行動するから、頼りにならないものです。

一九九〇年代はじめにソ連が崩壊《ほうかい》して、解体してしまうと、それまでソビエト連邦のなかに組み込まれていたウクライナが独立しました。ところが、ソ連の核兵器がウクライナにあったことから、ウクライナが核兵器の保有国となってしまった。

そこでアメリカ、イギリス、ロシア（旧ソ連）、ウクライナの四ヵ国が急遽《きゅうきょ》協議して、ウクライナにある核兵器をロシアへ引き渡すのと交換して、米英ロの三ヵ国が将来ウクライナが万一《まんいち》侵略を蒙《こうむ》った場合に、三ヵ国がウクライナを守ることを誓約した協定書に調印しました。

ところが、二〇一四(平成二十六)年にプーチン大統領のロシアが白昼、軍を使ってウクライナからクリミア半島を奪《うば》うと、アメリカも、イギリスもそっぽを向いて、ウクライナを見殺しにしました。ロシアに対して経済制裁を加えて、お茶を濁《にご》しました。

このことからも分かるように、国際条約は頼りにならないものです。

ケント まったくその通りです。だから、平和である間にきちんと体制づくりをしておかなければいけないのです。そして今、それは「憲法改正」から始まるのです。
「ウォー・ギルト・インフォメーション・プログラム」の呪縛《じゅばく》を解《と》くにも、「東京裁判」の実態を正しく知ることは重要です。また、自虐史観を植え付ける「教育」の改革は安倍政権が手を着けているものの、立て直しにはものすごく時間がかかります。「メディアの偏向《へんこう》」はインターネットの出現によって、その嘘《うそ》っぱちがある程度、剥《は》がれ落《お》ちつつあります。そして、あらゆる〝鍵《かぎ》〟となるのは「憲法改正」だと思います。やはり「憲法」を変えないとだめですね。

「平和憲法」という呼び名はふさわしくない

加瀬　いま北朝鮮は、日本の周辺海域をミサイルの試射場がわりに使っています。このように東アジアがアナーキーな状態、無秩序な状態にある最大の原因は何かというと、日本国憲法です。

日本国憲法は「マッカーサー憲法」「占領憲法」と呼ぶべきでしょう。私は「平和憲法」というのは、とんでもなく間違った呼び名だと思います。「アメリカの力による平和憲法」だったらいいんですよ。

ケント　「平和を願う憲法」でもいい。前文でも「平和を念願」と書いてあるのだから。

加瀬　祈祷師《きとうし》の憲法みたいですね。（笑）私は日本国憲法の原文が英語だから「翻訳《ほんやく》憲法」

とも、呼んでいます。私は世界各国の多くの憲法を読みましたが、もとが外国語で書かれている憲法は、日本国憲法だけです。それを誰《だれ》も異常と思わないほうが、おかしい。

ケント　「コピペ憲法」(コピー&ペーストの略)と言ってもいいでしょうね。ほかの国々の憲法や国際条約から切《き》り貼《ば》りした文言だから。

加瀬　日本が独立を回復した後、十五年か、二十年以内にこの憲法を改正し、せめてイギリスかフランス程度の軍備を持っていたとすれば、北朝鮮や韓国や中国から、こんなに馬鹿《ばか》にされ、侮《あなど》られることはなかったはずです。

イギリスとフランスのGDP(国内総生産)は、それぞれ日本の半分ですから、両国を合わせると、日本とちょうど同じになります。イギリスもフランスも航空母艦を持っているし、核ミサイルを積んだ原子力潜水艦も保有しています。それでも世界中の人々が、ロンドンやパリに憧《あこが》れて、イギリスやフランスを平和愛好国として見ています。

日本がイギリスか、フランス程度の軍備を持っていたとすれば、東アジアがこんなに不安定にならなかったはずです。日本国憲法はアジアに大きな迷惑をかけています。

アメリカに蔓延《はびこ》っていたリベラル思想

ケント　このあいだ年末年始にアメリカに行った際、あるテレビ局で一番人気のビル・オライリーというニュース番組の司会者が言っていたことがあります。彼は、セクハラ問題でいまはクビになりましたが……。彼の主張はこうです。「アメリカが危ない」と。いまのアメリカには、自分たちの歴史を否定しようという風潮《ふうちょう》があるというのです。

アメリカはレイシズム、つまり奴隷《どれい》を持っていた人たちがつくった国だから、人種主義的であり、白人至上主義である。そういう人たちがつくったのがいまの憲法である――そんな風潮があって、そう主張する人たちは、いまの憲法を完全に否定し、いまの体制もすべて否定しているわけです。つまりは過去の歴史を取り消そうとしているのです。

こうした風潮に「このままではアメリカは危機に瀕《ひん》してしまう」と彼は言っているわけです。それを聞いていて、「アメリカ型文化大革命」を実行しようと企《くわだ》てている人がいるように感じました。

加瀬　私はオバマ政権までは、まさにアメリカは文化大革命にあったと思います。オバマ政権の最後の年に、「自分が信じている性別に従って、男女トイレのどちらを使用してもよい」という大統領令を発しましたね。大統領令は法律です。いくつかの州が、最高裁に憲法違反だと訴えましたね。

一昨年、ワシントンに行った際、なじみの高級レストランで、トイレの男女の表示をはずしていたところがありました。アメリカでは冗談として、こう言われていました。「ケネディ大統領のレガシー（遺《のこ》した業績）はマン（人間）を月面に送ったことだが、オバマ大統領のレガシーは男性を女子トイレに、女性を男子トイレに送ったことだろう」ところが、先日、ワシントンの同じレストランに行ったら、男女の表示が元に戻されていましたね。ほっとしました。

ケント　トランプ大統領になって、そんな変な風潮を戻しているのですよ。

加瀬　それから、行きすぎた〝差別用語〟を正すということが増えましたね。私が一九五〇年代に留学したころ、「mankind（マンカインド。人類）」は「humankind（ヒューマンカインド）」、「chairman（チェアマン。会長）」は「chairperson（チェアパーソン）」と言いなさいということが、始まっていました。「man（マン）」というのは男性だけを指しているから、差別だと言うわけです。

二年前でしたが、『ニューヨーク・タイムズ』紙に、「ミスター、ミス、ミセスは性差別だから、『Mx.』と呼ぶのが正しい」という、大きな記事が載《の》っていました。その直後に夕食会でキャロリン・ケネディ大使の次席公使、やはり女性でしたが、その公使と夕食会で同席した時に、「Mx. って何て発音するんですか？」とたずねました。すると、あなたはアメリカ通を気取っているくせに、そんなことも知らないのかといった、冷ややかな表情を浮かべて、「ミックスといいます」と答えました。いや、バカバカしいですね。

ケント　「メリー・クリスマス」と言ってはいけない、というのもありました。イスラム教徒が嫌《いや》な思いをするから、という理由です。

保守系の人たちは、トランプ政権に替わってから頻繁《ひんぱん》に「メリー・クリスマス」と言うようになりました。そうした変な風潮がなくなったからです。

加瀬　日本でも、〝言葉狩り〟はひどいものがあります。警察庁が「婦人警察官」の「婦」という漢字は、女が箒《ほうき》を持っているから、女性差別になるからいけない、「女性警察官」と呼ぶように変えました。女性に家事を強《し》いていて、差別になると言うわけです。「看護婦」も「看護師」と呼ぶように変わりました。

私は母が箒《ほうき》で座敷や家の前の道をはいているのを見て、幼心《おさなごころ》に箒《ほうき》が母の心の延長だと思っていました。私は松下政経塾の役員を長く務めたので、家電メーカーを悪く言ってはならないんですが、すべての家電製品は心を省《はぶ》く機械ですよ。（笑）

ケント　なかには納得するものもあるけれど、ほとんどが行き過ぎですよ。リベラル思想のひとつの病気です。これは「平等」という思想を勘違いしているわけです。要は「みんな一緒にしないとだめだ」と思っているわけです。

しかし、平等とはそんなものではなく、みんながそれぞれ違う点を認め合うことです。それが平等です。みんなを同じにしようとするから、「平等」と言いながら「差別」を生むわけです。

リベラル思想を標榜《ひょうぼう》する人こそファシストに陥《おちい》っている

ケント　日本もそうですが、アメリカもほんとうに行き過ぎてしまっていたがために、アメリカ国民が起《た》ち上《あ》がって、政治経験が豊富な民主党のヒラリー・クリントン候補を否定し、政治はまったくの素人《しろうと》だった共和党のトランプ氏を大統領に選んだわけです。

トランプ氏は伝統的なアメリカを大切にしようという、ほんとうに素朴《そぼく》な愛国心を持っている人です。確かに、ツイッターでは平気で人を侮辱《ぶじょく》したりしますけれど、ほんとうは優しい人だと思いますよ。閣僚会議では必ずお祈りから始まりますしね。今日は誰《だれ》がお祈りの先導するとか決めています。オバマ政権では考えられないことです。

加瀬　日本だったらすぐに「政教分離違反だ」といって、非難されますね。

ケント　アメリカでも無神論者はそれを問題にするかもしれないけれど、トランプ大統領はそんなものはまったく受け付けません。リベラルは、そうしたクレーマーの言うことさえすべて認めてしまうのです。

加瀬　リベラル自体が、クレーマーになっていますよ。

ケント　そうなのです。自分のクレームが認められないと本当に気が済まないわけでしょう。ほとんどのリベラルのクレーマーは、他の人が自分と同じでないとクレームを言います。しかし〝同じではない〟ということが〝平等〟なのです。そのことがまったく解っていません。

要はファシストなのですよ。リベラルを標榜《ひょうぼう》する人たちの考えは、ファシストに陥《おちい》っています。全体主義のリベラルが最近蔓延《まんえん》しているのです。それがアメリカ人はもう許せないというので、トランプ大統領が誕生したわけなのです。

加瀬　トランプ大統領は、アメリカ国民に対して呼びかけるのに、大手新聞や大手テレビの主要メディアを使っていません。ツイッターで直接、国民に呼びかける最初の大統領ですね。トランプ大統領のツイッターは、三千万人によって読まれています。

アメリカでは、いま大手の新聞五十紙の発行部数を足しても、五百万部もいかないんです。

ケント　かなり激減しています。

加瀬　日本でも減っていますよ。朝日新聞も部数が激減しています。日本でも二十代の人で、親と同居していなければ新聞を読まない。一人暮らしをする若者は、最初からテレビを持っていません。パソコンやスマホによって、情報を得るからです。

ケント　テレビ全盛期のときは、ＣＢＳの夕方のニュースは視聴率が十五パーセントぐらいありました。ところが今は、最も視聴率のよいＮＢＣの番組でも六パーセントです。

加瀬　全盛期の半分以下ですね。いまや大手テレビも、斜陽《しゃよう》です。日本でまだ新聞が、アメリカのような憂《う》き目《め》にあっていないのは、販売店があって、アメリカにない宅配が行われているからです。しかし、そのうちに首相がツイッターによって、国民に語りかけるようになるでしょう。

昨年の初めにマスコミの業界紙が載《の》せていましたが、朝日新聞の社長が社内で講演をして、これからは不動産で経営を支えていくと語っていました。大手テレビのＴＢＳなども同じですね。だから、私はどうして〝不動産屋〟の朝日新聞が同じ〝不動産屋〟のトランプ大統領を悪く言うのかと、思います。（笑）

ケント　それは鋭《するど》い。たしかにその通りです。

加瀬　アメリカでは、それだけ大手マスコミが影響力を失ったということです。日本でもとくにリベラルな大手マスコミは、ブクブク沈没《ちんぼつ》してゆきます。

トランプ大統領を評価しないマスコミの体質

加瀬　アメリカの景気が良くなっているのは、何といってもトランプ大統領のお蔭《かげ》ですね。レーガン大統領がアメリカを再生したように、トランプ大統領がアメリカの曙《あけぼの》を呼び寄せています。

私はトランプ大統領がヒラリー・クリントン候補を破って、ホワイトハウス入りしたのは、ヒラリー夫人が惨敗《ざんぱい》しただけでなく、アメリカの大手マスコミが惨敗したのだったと思います。大手のマスコミは、挙《あ》げてヒラリーを支持して、ヒラリーの勝利をそろって予想した。だから、いまアメリカのマスコミはトランプ憎《にく》しで、復讐《ふくしゅう》しようとして、トランプを足蹴《あしげ》にしている。

オバマ大統領は規制するのが大好きな、規制マニアでした。これほど「規制、規制」といって、経済を縛《しば》ってきた人はいませんよ。

ケント いまアメリカでは、新しい規制を実施するためには、だいたい十六ぐらいの既存の規制を解除しなければなりません。だから、どんどん規制緩和になっているわけです。株価は上昇記録を更新し続け、この四半期でGDPが三・七パーセントも成長しました。これはすごいことです。

トランプ大統領の支持者層に関しては、日本ではまったく嘘《うそ》が報道されています。支持者の多くは貧しい白人男性だというのです。ところがそれは違います。低所得者、すなわち日本で言えば所得が三百万円以下の人たちの大多数が、ヒラリー・クリントン候補に投票しました。それは依存層と呼ばれる人たちですね。

加瀬 福祉に依存している人たち、ということですね。

ケント そうです。それ以上の所得がある人たちは、トランプ氏とクリントン候補に投票した人は、ほぼ半々でした。高所得者層も半々でした。

加瀬 日本でも福祉は大きな問題となっています。生活保護を受けている人は、いま二一〇万人に達しています。

ケント　そんなに増えているのですか？

加瀬　都道府県を人口の少ない順で並べてみると、人口の少ない県の四つ分近くがその人数に相当します。だから、日本のうちの四県が、生活保護受給県だと考えればいいわけです。そのうちで、生活保護が本当に必要な人がどれぐらいいるのか、というのは大きな疑問ですね。

リベラル政党の中には、「こうすれば生活保護を受けられますよ」といって選挙民を誘導して、票を増やそうとしている。本当に困っている人々を助けるのなら許せますが、泥棒《どろぼう》の手口を教えているようなことですね。

ケント　日本は労働者の数が足りない状態なのですから、生活保護受給者が増えているというのはおかしな話です。

いまアメリカでは、フード・スタンプ（補助的栄養支援プログラム）という低所得者向けの食料費補助がありますが、それが一七〇〇万人減ったというデータがあります。急激な減り方です。

それから、雇用も二十万人増えたとか、失業率も――計算の仕方が日本とは違うので単純比較はできないけれども――四・四パーセントに減ったと言われています。トランプ大統領になって、雇用機会は増やしているし、好景気だし、国内投資は増えています。しかし、マスコミはトランプ大統領のそうした功績を評価していません。

加瀬　なぜ、マスコミがトランプ大統領を攻撃するかと言えば、マスコミはもともと民主党びいきだからです。

それに、アメリカの大手マスコミに働く者は、みんな高所得者です。これは日本も同じことですが。NHKの職員の平均年収は、一二〇〇万円と公表されています。平均が、ですよ。これでは、年収三百万円の人たちのことが分かるものでしょうか？　アメリカでも同じです。

ケント　やはりリベラルは「かっこいい」とでも思っているのでしょうかね。日本の大学でも、リベラルによるファシスト集団ができあがっています。この間、百田尚樹《ひゃくたなおき》氏が一橋大学の学園祭で講演会を予定していましたが、反対グループによる圧力で中止に追い込まれました。あれも、自分たちの主義主張に反する人の言論は認めない、発言する機会すら奪《うば》っていいという、ファシズムの典型的な思考パターンです。

こういうことはアメリカの大学でも日常茶飯事です。大学の中では、自由に議論することもできません。民主主義国家の中でも、一番自由闊達《かったつ》な言論が飛《と》び交《か》うべき大学という存在が、全体主義者たちに乗っ取られている。本当にひどいことです。

加瀬　私はトランプがヒラリー夫人に勝ったのは、ヒラリーや、大手新聞が代表していた、大都市のリベラルの似非《えせ》インテリたちに対して、日常本音で話して本音を大事にする地方の素朴《そぼく》な人々が、立ち上がったからだったと思います。地方の反乱ですね。

第3章

日本をめぐる東アジアの国々の思惑

北朝鮮を取り巻くアメリカと中国の関係

加瀬　日本を取り巻く東アジアを見れば、私は今後、北朝鮮を核保有国であると認めざるを得なくなると思っています。北朝鮮が核を捨てるはずはありません。かと言って、北朝鮮の体制が内部崩壊《ないぶほうかい》するとは考えにくい。理由は、北朝鮮が人口が少ないからです。

ケント　およそ二五〇〇万人ぐらいでしょう。

加瀬　実際それほどいるかどうか、分かりませんが……。中国は昔から国土が広大なうえに人口が多すぎるから、秦《しん》の始皇帝の時代からこれまでの歴史を見ると、王朝の交代が頻繁《ひんぱん》に起こって、激しい。しかし、朝鮮半島では統一王朝というと、三回しか替《か》わっていません。国土が小さいのに加えて人口が少ないから抑《おさ》えつけて統制しやすいからです。内部崩壊は可能性が低いと思います。

ケント　アメリカの国家安全保障委員会には、軍の出身者が三人います。ティラーソン国務長官を更迭《こうてつ》した後任には、CIA（中央情報局）長官のマイク・ポンペオ氏を任命しました。CIAは海外で諜報活動《ちょうほうかつどう》や秘密作戦も行う独立機関です。日本のマスコミは、軍人の構成員が多くなると軍事衝突が起こるのは間違いないだろうと言っていますが、それは逆です。軍人は絶対に戦争をしたくないのです。

加瀬　それに勝ったとしても、コストが高くかかりますからね。

ケント　そう、代償が大きいのです。でも私は、これからの東アジアがどのようになっていくかを考えると、まだいろいろあるかも知れないと思っています。

加瀬　中国は北朝鮮を潰《つぶ》すつもりは、まったくありませんね。

ケント　これからアメリカと中国が衝突するでしょう。トランプ大統領が昨年末に言っていましたが、これまでは中国が北朝鮮問題に協力してくれることを期待して、中国の北朝鮮に対する貿易を問題にしてきませんでした。しかし、これからは強く追及すると言うわけです。それがどこまで現実になるかは分かりません。

加瀬　米ソの冷戦時代とまったく違うのは、ソ連はアメリカに対して経済的にまったく依存していませんでした。冷戦時代の米ソの貿易は、ほとんどゼロに近いものでした。ところが、中国は対米貿易に依存しているのです。中国はアメリカ市場なしに、一日も生きられない。アメリカに寄生しています。だから、アメリカを本当に怒《おこ》らせたくない。

もっとも、アメリカもかなり中国に経済を依存しています。そういった意味で、米ソ関係と、米中関係はまったく異なります。

ケント　ひとつの可能性として、アメリカが北朝鮮を局地的に攻撃した場合、中国が介入してくることはあると思います。なぜかというと、核施設のほとんどが中国との国境近くにあるからです。アメリカがそこまで侵攻しない間に、中国が入って核施設を押さえてしまう。しかし、中国は核施設を解体する技術を持ち合わせていませんから、アメリカと協力して核施設の解体に進むと思うのです。そのようにして、アメリカと中国が協力する可能性はあると思います。

加瀬　中国が協力するでしょうか。

ケント　核兵器はやっかいですから、それを取り除けるならば可能性はあるかもしれません。トランプ大統領は「名より実を取る」タイプだと思うので、終身国家主席になりそうな習近平氏を、おだてたり、なだめすかしながら、上手く協力を引き出せるかも知れませんよ。交渉のセンスとテクニックは超一流ですからね。

加瀬　北朝鮮がアメリカにとって深刻な脅威《きょうい》であれば、アメリカの関心を北朝鮮に向けさせて、アメリカは北朝鮮の非核化をはかるために、中国に頼ることになる。それに中国はアメリカに嫌《いや》がらせを働く国家を、歓迎しますからね。

信頼できない国――韓国

加瀬　韓国について言えば、韓国の国軍が文在寅《ムンジェイン》大統領に対して、クーデターを起こす可能性もあるかもしれません。

ケント　ありえますね。そうなってもアメリカは止めないでしょう。最近アメリカは、韓国を民主主義国家としてあまり認めていませんから。

加瀬　トランプ政権は韓国を、まじめに相手にしていませんね。韓国がどこを向いているのか、分からない。友人の国防省の幹部が、「われわれが〝斬首《ざんしゅ》作戦〟を行いたいのは、文在寅《ムンジェイン》に対してだ」といって、笑っていましたがね。

ケント　まず韓国は外交ルールを守れないでしょう。二〇一五(平成二十七)年にソウルで、リッパート駐韓大使が襲撃《しゅうげき》された事件がありました。その前年には、産経新聞の加藤達也ソウル支局長が拘束されましたね。この二つの事件でアメリカ人が理解したのは、韓国は外国要人の警護もできない未熟な国であり、しかも言論の自由が保障されていないということです。

韓国が言論の自由という、民主主義の最も根本的な原則を守れない国であれば、民主主義国家だとはアメリカ人は認めませんよ。だから韓国は信頼できないという結論に至る。慰安婦像の撤去問題もそうです。日韓合意も、日本は約束を全部履行《りこう》したのに、韓国側は一方的に何も守らないわけでしょう。

それと、北京で行われた「抗日戦争勝利七十周年」の軍事パレードには朴槿恵《パククネ》大統領が参加しました。ですから、韓国は恩知らずの国でもあるとわかった。だって、アメリカは韓国を守るために中国軍と戦って、三万人以上の若い兵士が犠牲《ぎせい》になったのですよ。そのアメリカの英霊《えいれい》に対して、この行為はとても許せない侮辱《ぶじょく》です。

ＴＨＡＡＤ（終末高高度防衛ミサイル）だって、米軍は韓国を守るために配備したいのに、文在寅《ムンジェイン》大統領は中国に遠慮してアメリカの邪魔をするわけです。米韓合同軍事演習も、韓国を防衛するためにやるんですよ。何で韓国と休戦中に過ぎない敵国の北朝鮮に媚《こ》びを売るんですか。

「韓国は本当にダメだ」と見放したくなったのは、平昌《ピョンチャン》冬季オリンピックでペンス副大統領に金正恩《キムジョンウン》の妹《いもうと》である金与正《キムヨジョン》を近づけたこと。アメリカが「核兵器とＩＣＢＭ（大陸間弾道ミサイル）の開発をやめなければ軍事オプションも辞さない」と言っている相手と、握手なんかできるはずないでしょう。

トランプ大統領の訪韓のときに元慰安婦のおばあさんに抱きつかせたことも許せなかった。文《ムン》大統領はそういう「騙《だま》し討《う》ち」みたいなことを平気でやるから、私は本当に許せません。

加瀬　韓国国民というか、朝鮮半島の人々は、二千年にわたって酷政《こくせい》のもとで生き、しばしば中国の侵略を蒙《こうむ》ったから、自分と家族を守るためには嘘《うそ》をつかねばならなかったし、約束を破らざるをえなかった。日本と違います。彼らは可哀想《かわいそう》な民族です。韓国には「トイレに入るときと、出たときは考えが変わる」という言葉がありますが、今日《こんにち》でも、韓国では発言がコロコロ変わるわけです。

「九条改正が戦争につながる」というデマ

加瀬　日本国民は、日本がそうした国々によって囲まれているという実情を、はっきり認識しなければなりません。だからこそ、日本が憲法を改正することが、日本の安全につながるのです。

ケント　いまの日本は、中国からも、韓国からも、北朝鮮からも舐《な》められているのですよ。

加瀬　もし、中東が不安定になって、アメリカ軍が中東に向かってしまう場合、日本は北朝鮮、中国、あるいは韓国に対して、何ひとつ身を守ることができません。

日本では「専守防衛」を堅持《けんじ》しなければいけないと言う人々が、多くいますね。立憲民主党が「専守防衛」を、金科玉条《きんかぎょくじょう》のように守れと、大声で叫《さけ》んでいます。「専守防衛」

は、言ってみれば「本土決戦以外は戦わない」ということですよ。

立憲民主党の枝野幸男代表のように、「専守防衛」にこだわっている人たちは、七十三年前に本土決戦を戦わなかったことを、悔《く》いているとしか思えません。敵が上陸してからか、敵のミサイルが日本国内に飛んでくるまでは、迎え撃つことができないのですから。そしたら本土決戦を戦うほかないではないですか。こんなバカなことがあってよいのでしょうか。

先の大戦末期には、軍部が「一億総特攻」「一億玉砕《ぎょくさい》」を叫《さけ》んで、本土決戦を戦おうとしたのに対して、昭和天皇がそれでは日本民族が滅亡すると考えられて、終戦を決意されました。

「専守防衛」は、「本土決戦」のことです。本土決戦に懲《こ》りたはずなのに、「専守防衛」では、沖縄戦やサイパン島の戦いのように、住民を捲《ま》き込《こ》んで悲惨《ひさん》なものになります。

ケント 左翼の連中がよく吹聴《ふいちょう》していますが、安倍首相はいつ戦争をやると言ったのですか。誰《だれ》に対して？　誰が戦争したいの？

小説家や映画監督、音楽家、女優など著名人もたくさん参加している「九条の会」の皆さんは、すごいデマを広めているわけです。「九条を改正すれば戦争になる」と言うけれども、誰が、誰に、何のために戦争するの？　あれはプロパガンダを超えた〝詐欺《さぎ》〟ですよ。

「ママの会」というのも共産党がやっているんだけど、幼い子供がいる若くて無知なお母さんたちに、「九条が改正されると徴兵制になって、あなたのかわいいお子さんが戦場に送られる」などと恐怖心を煽《あお》るわけです。平和安全保障法制が審議されていたときは、赤ちゃんをベビーカーに乗せて反対デモに参加したママたちもいた。子供たちが安保法制で危険にさらされると騒《さわ》いでいたけど、子供たちを危険にさらすのは、真夏の炎天下のデモに子供連れで参加した、デマに騙《だま》されやすい自分自身だと気が付くべきですよ。

加瀬　イギリスやフランスが核兵器を持っているからといって、両国は平和愛好国ですね。どうして、日本だけが危険な国になるというのでしょうか。

もし、自分に責任能力がないと信じている人間がいたとしたら、社会生活ができないでしょう。日本はそんな恥《は》ずかしい国なのでしょうか。自分の体を傷つけて喜ぶ者がいたら、精神病院に閉じこめなければなりません。

日本国民のなかには、南京で日本軍が〝大虐殺〟を行ったとか、職業的な売春婦だった慰安婦を、軍が一般の子女を拉致《らち》して強制した〝性奴隷《せいどれい》〟だったという真っ赤《まか》な嘘《うそ》を吹聴《ふいちょう》して大喜びする病人がいます。朝日新聞がその病巣《びょうそう》の一つですね。

ケント　この間、ソウルに行ったときにも感じましたが、中国と韓国の一般市民は、日本が襲《おそ》ってくる可能性があるとまじめに信じていますよ。その根拠は彼らにもさっぱり分からないでしょうが、これが反日教育の賜物《たまもの》と言えるでしょう。

日本にとって真の脅威《きょうい》は中国

ケント　中国がねらっている尖閣諸島《せんかくしょとう》に関して言えば、日本が防衛に出ていかなくても、尖閣を守った方がアメリカの国益だと思えば、アメリカは自ら出て行くでしょう。

加瀬　仮《かり》に中国が尖閣諸島を武力によって奪いにきた場合、あんな小さな島を経済大国である日本が自力で守れないということを、アメリカ国民は信じられないと思いますよ。

ケント　信じにくいでしょう。

加瀬　だから私は、中国が尖閣諸島を奪《うば》いにきても、アメリカ軍は出動しないと思います。

ケント　アメリカ世論を考えれば、そうなりますね。自衛隊が動けばアメリカ軍も一緒に出動するかも知れませんが、よほど特殊な状況でない限り、アメリカ軍が単独で動くことはないでしょう。アメリカ国民がそれを許さないと思います。アメリカ国民は、意外と戦争が嫌いなのです。「アメリカ人は戦争が好きだ」というイメージがありますが、それは違います。本当は嫌いですよ。

第二次世界大戦もアメリカ国民は戦いたくなかったけれど、ルーズベルトが無理やりアメリカを戦争に引きずり込みました。

加瀬　戦いたくないけれど、いったん戦いが始まると、アメリカ国民は熱狂《ねっきょう》に包まれました。

ケント　戦い始めると、アメリカ国民は徹底的に支えますね、泥沼化《どろぬまか》しない限り。

朝鮮戦争が中途半端な形で終わったのも、アメリカ世論がもうくたびれてしまったからです。もうこれ以上は戦いを支持できないとアメリカ世論がなったから、トルーマン大統領が戦いを止めました。

加瀬　私は北朝鮮は日本にとって、本当の脅威《きょうい》ではないと思います。仮《かり》に北朝鮮のミサイルが日本に飛んできたとして、日本はこれまで防衛を怠《おこた》ってきたから、かなりの被害が出ますが、アメリカは必ず戦ってくれる。北朝鮮がみすぼらしい小国だからです。

しかし、中国が日本を攻撃してきた場合、アメリカは同じように日本のために戦ってくれるでしょうか。ロサンゼルスやニューヨーク、ワシントンを中国の核攻撃の犠牲《ぎせい》にしてまで、アメリカは戦ってくれないでしょう。だから、日本にとっては中国こそ真の脅威です。

ケント　そう言われれば、確かにそうでしょう。中国とアメリカが全面戦争をすることは決してないでしょうが。

加瀬　私もそう思います。中国はそれを知っているから、アメリカが全面戦争をやってまで、日本を守ることはしないと思い、尖閣諸島をねらっています。

ケント　ただし、アメリカは台湾のためであれば戦うでしょう。

加瀬　「台湾関係法」という議会の立法がありますからね。だから私は日本よりも台湾のほうが、アメリカを信頼することができる、と言っているのです。要するに、日本の方が台湾よりも危ないのです。

ケント　その通りです。

加瀬　アメリカは、中国が「One China（ワン・チャイナ）」と言っていることを認めていますが、ただ中国の言い分を、犬がワンと吠《ほ》えたとか、猫がニャーとないたことを、「ワンといった」「ニャーといった」と言って、認めただけのことですね。

ケント そう、「中国がそう言っている」ということを認識しただけであって、そのこと自体を認めたとは言っていません。

加瀬 日本もそうなのです。一九七二(昭和四十七)年に日中国交正常化が行われたときに、中国がそういったことを認めただけで、それを日本が受け入れたのではない。

昨年、広辞苑の最新の第七版が発刊されて、台湾について「日本は中華人民共和国を唯一の正統政府と承認し、台湾がこれに帰属することを実質的に認め」と記載し、中国の地図に「台湾省」と記載していることが、産経新聞の指摘によって問題になりました。発行所の岩波書店は「誤《あやま》りであるとは考えていない」と述べていますが、これは明らかな間違いです。欠陥車や、腐敗《ふはい》した食品が回収されずに、堂々と売られているようなことで、おそろしいですね。

日本は「中国側が『中国は一つだ』という言い分については、私たちはそう仰《おっしゃ》っていることに留意します」というだけのことで、まさか「台湾が中国の領土である」ということは認めていません。この点は、アメリカも同じです。

それなのに、日本では、「台湾は中国の領土である」ということを、日本が認めたと思っている人はたくさんいます。

ケント　そう思っている人が多いかもしれませんが、事実はそうではありません。アメリカの立場もそうです。

アジアの平和を最も脅《おびや》かしているのは憲法九条

加瀬　北朝鮮は、昨年、ミサイル発射実験を頻繁《ひんぱん》に行い、核実験を繰り返してきましたが、今のところはまだ核弾頭を完成させてはいないと思います。

ケント　核爆弾は出来ているけれども、弾頭の方はまだ出来ていないでしょう。

加瀬　ただし、これは時間の問題です。

ケント　あと一、二年。長くても二年です。だから、今年が正念場《しょうねんば》でしょうね。北朝鮮への各国の経済制裁措置が、それを加速させているのか、それとも遅れさせているのかは分かりませんが。

加瀬　日本が北朝鮮を攻めるということはありえませんが、日本が北朝鮮を攻撃する能力を持つことを最も嫌うのは、中国です。中国はアジアの覇権《はけん》を握《にぎ》ろうとしていますから、そのために最も邪魔《じゃま》な国は日本です。

だから、日本が「平和憲法」のもと専守防衛によって、自国を縛《しば》って軍事的な能力を持たないでいるのは、国際的基準から言えば「不能」な国であることですが、中国にとって何よりも美味《おい》しいことです。

ところが日本が独力で、あるいはアメリカの助けを借りて、北朝鮮を攻撃して制圧するだけの力を持つようになると、中国は日本を抑《おさ》えつけることができなくなる。中国は長期的に見て、アメリカが東アジアから退《しりぞ》くと思っています。中国人は気が長いんです。そうすれば、日本を自らの覇権《はけん》のもとに置けると思っています。そのため、日本が真剣になって国防力を強化するのを始めた場合、中国はそれこそ真剣に北朝鮮の核武装を阻止《そし》することを考えるはずです。「平和憲法」が「専守防衛憲法」である限り、中国はそうしませんよ。

ケント　中国が覇権主義をどんどん広めていることで、東南アジアの国々は本当に困っています。それらの国々は軍事的に小国ですから、〝強い日本〟がいてくれればと熱望しています。フィリピンもインドネシアも、マレーシア、シンガポール、タイ、ミャンマー、ベトナム……みんなそう思っているでしょう。中国は、これらの国々を自分たちの影響下に置きたいものだから、日本が東アジアで影響力を持つことを何としても阻止《そし》したいのです。

加瀬　ほかの海洋アジア諸国も、日本が中国の覇権のもとに置かれれば、もう独立を続けることはできなくなります。

しかし、私は中国はどうしようもなく愚《おろ》かだと思います。というのは、もし中国が大《たい》金《きん》を投《とう》じて大海軍を建設することなく、それだけの資金を日本へ投資するとか、観光客をもっと日本に送り込んで爆《ばく》買《が》いさせるとかすれば、恐《おそ》らく日本人は「中国大好き」になっていた。中国に靡《なび》いていたことでしょう。ほかのアジア諸国についても、同じことです。

ところが、中国は海洋覇権を握ろうとして大海軍を建設し、軍事基地をスリランカやパキスタンにまで作ろうとしています。それがかえって、中国を〝孤立化〟させています。だから私は中国は戦略下手《せんりゃくべた》で、愚かだと言うのです。その点、ロシアは戦略がうまくて、狡猾《こうかつ》ですよ。

習近平首席が何度も言っていることですが、中国は「太平洋をアメリカと二分する」ことを国家の基本戦略にしています。これが中国の本音です。かつての秦《しん》や清《しん》のような大帝国を再興したいと、夢見ている。妖夢《ようむ》ですが、日本にとっては悪夢《あくむ》ですね。

中国と並んで、アジアの平和を最も脅《おびや》かしているのは、〝日本〟です。日本国憲法によって日本が軍事力を否定していることが、アジアの平和を脅《おびや》かしています。

ケント　まったくその通りです。日本はこれだけの超大国なのに、何もせずに中国をのさばらせています。憲法九条のせいで、積極的な平和維持活動――集団的自衛権ですけれども――をしようとしないのです。東アジアの軍事的バランスを保って、平和を維持しようという心構《こころがま》えがまったくありません。

憲法九条の改正に対して、国会議員がこれほど消極的であるというのは、その平和を維持する〝心構え〟がないということです。憲法九条の改正ができない最大の原因は、自民党にあります。国会議員自身が、まさか有権者が憲法九条改正を支持するとは思っていないのです。それ以前に、自分の選挙のことばかり考え、「国防」とか「国益」を考えていないからです。これがいまの自分党の体質です。

それを物語っているエピソードをひとつ紹介しましょう。

昨年の秋頃、たしか衆議院議員の総選挙の前でした。私はある現役閣僚の議員に政治集会で講演を依頼されました。私は快諾《かいだく》して行くことにしました。その講演日の二週間ぐらい前に打ち合わせを行うというので行ってみると、「憲法改正については触れないでいただきたい」と言うのです。なぜかというと、「自分はまだ（九条改正についての）態度を決めていないから」だと言うわけです。安倍政権の現役閣僚が、ですよ。その後、内閣改造があってその人は内閣からいなくなりましたけど……。そういう状況に本当に唖然《あぜん》としました。

加瀬　かなり前の話になりますけどね。「防衛省」がまだ「防衛庁」だった時です。防衛庁を「省」に昇格させようとする議員連盟がありました。自民党にもその部会があって、私に講演してほしいと頼まれました。そこで、私が「防衛庁を国防省にすべきだ」と言ったところ、議員の皆さんが「国防省」にすると中国や韓国を刺激するから、「防衛省」でないとだめだ、と反対するのです。私は中国、韓国では、「国防部」と呼ばれていますよ、どうして同じ名称にしてはいけないのですか、と反論したのですが、無駄でした。
その後、結局は「防衛省」になりました。現在の「国家安全保障会議」も、以前は「国防会議」と呼ばれていましたが、いつのまにか、「国防」という言葉にアレルギーを感じるようになってしまったのですね。

ケント　クレーマーに弱いのですよ、それも左翼のクレーマーにね。左翼勢力や中国、韓国にいつまでも遠慮しないでほしい。

加瀬　日本が占領下から独立を回復した後に、マッカーサーから押し付けられた憲法を改正して、せめてイギリスかフランスぐらいの国防力を持っていたら、韓国や、北朝鮮、中国からこれほどまで侮《あなど》られることはなかったんです。そして、アジアがこんなに不安定になることもなかった。一日も早く現行憲法を改めなければなりません。

第4章

行き詰まった日本国憲法

議論ができない日本人

ケント もともと日本の国民性の一つとして、変化を好まない傾向があると私は思っています。何かが変わると悪くなる可能性があるから、多少は不都合であっても我慢した方がまだマシ、という考え方ですね。問題を先送りしてしまいがちということでしょうか。

なぜそうなるかと言うと、議論しない国民だからです。要は争いごとが嫌いなわけです。議論しただけでも何か争っているような感じを受けるのです。そうなると議論はできませんね。それで根回しをしてまるく収めてしまうのでしょう。

加瀬 徳川幕府は二六〇年も続きました。徳川時代にあれだけ平和が続いたというのは、徳川時代の幕藩体制《ばくはんたいせい》のもとで総《そう》じて善政が行われたのもさることながら、多くの日本国民がその体制を守っていれば、再び戦国時代のようにならないと思っていたからでしょう。

そのような考えは、いまの中国にも当てはまるかもしれません。中国の多くの国民は共産党体制がよくないことは分かっているけれど、それ以前の軍閥《ぐんばつ》の時代、内戦が絶えず続いていた時代よりは、マシな必要悪《ひつようあく》だとみなしているんでしょう。そこで、安定を乱したくはないから、今の政権に従っているわけです。

ケント　そうした日本の国民性は、欧米人が考える民主主義には合わないですね。民主主義というのは本来、本気で議論しない限り成り立ちません。民主主義においては、議論がないと〝進歩〟しないのです。

私はある時、ＮＨＫの討論番組に出演して学生たちとディベートについて話をする機会がありました。私は高校時代は弁論部にいて、ディベートという知的ゲームを通じて、自分自身が物凄《ものすご》く成長できたという成功体験をもっています。だから学生たちに「ディベートはすごくおもしろいですよ」と話したら、ある女子学生がこう言うのです。

「私は、信じてもいないことを主張するのは意味がないと思う。だからディベートは馬《ば》鹿《か》らしい」と。私は反論しました。「私の考えは違います。すべての物事には両面性があって、同じ現象をあなたの立場から見ると、その受けた印象から意見が出来上がりますが、違う立場から見ると別の印象を受けるかもしれません。その相手の意見を疑似体《ぎじたい》験《けん》として経験することが、あなたの意見をより良いものにしていきます」と言ったのです。そうしたら何と答えたと思いますか。「それが面倒《めんどう》くさい」と言うのです。「面倒くさい」はないだろうと思いましたよ。とにかく議論をしたくないのだなと思いました。

私たちは、二〇一五（平成二十七）年に「放送法遵守《じゅんしゅ》を求める視聴者の会」というものを設立しました。

加瀬　私もそのメンバーの一人に入っています。

ケント　その活動をすればするほど、マスコミが反発するのです。最初は、国会で議論された平和安保法制について、ＴＢＳのニュース番組が反対派に偏《かたよ》った報道をしているから、それは放送法に違反していると訴えたわけです。放送法では「意見が対立している問題については、できるだけ多くの角度から論点を明らかにすること（第四条・四号）」

と記されています。それで、ＴＢＳと、その番組のアンカーだった岸井成格《きしいしげただ》氏を告発したのですが、彼らは私たちを無視しました。

その後もう一回書面を出して、「放送法がよくないと思うのであれば、それを公開議論しましょう」と申し出たのですが、それも拒否されました。それは、議論すれば自分たちの考え方が少し間違っているのだということがバレるかもしれないと思ったのでしょう。議論しないということは、真実に興味がないという意味なのです。真実に最初から興味がないものだから、議論する意味がないと思うわけでしょう。

加瀬　その通りですね。真実から目を逸《そ》らしているのです。多くの日本人が何が真実かということよりも、周囲に合わせようとして、何がコンセンサスか知ろうとして、大手マスコミがいうことを受け入れるからです。これは、日本国民の大きな弱点ですね。

ケント　そのことが真実かどうか、というのが報道では一番大切です。日本のマスコミは、戦前は大本営の忠犬であって大本営発表をそのまま垂《た》れ流《なが》す、戦後はＧＨＱの忠犬となって今日《こんにち》に至るわけです。いまだにＧＨＱの忠犬なのですよ。「アメリカの国益のため」にあの憲法を一所懸命に守っているのです。そのまま七十年以上も変化しきれないでいる。思考回路が停止してしまっているわけです。

彼らマスコミは、こうしたことを真面目《まじめ》に議論しないのです。民主主義のプロセスで考えようとしない。そういう意味からすると、ファシストかもしれない。全体主義者です。要は、自分たちの考え方が正しい、違う考え方は聞く必要がないと思っている。

先ほどのＮＨＫの番組に出ていた女子学生は、もう自分の考え方はできてしまっていて、その他の意見を聞きたくない。そう言っているのと同じことなのです。ただ単に未熟なだけともいえますが、非常に傲慢《ごうまん》だと考えることもできます。

左翼のデモ行進に真実味がないわけ

加瀬　昭和三十五（一九六〇）年の安保騒動の際、最も多いときで十万人以上の学生や労働組合の組合員たちが、巨大な渦《うず》のようになって国会を取り囲み、デモ行進を狂《くる》ったように行いました。十万人ですよ。それほど多くの人が、「安保反対、安保反対」と叫《さけ》び続けたのです。

ところが、新しい安保条約が成立すると、その翌日から、国会の周辺に一人もいなくなってしまいました。

左翼の人々は「安保闘争」と呼びましたが、〝闘争〟だったとしたら、新しい安保条約が成立した後こそ、〝闘争〟を激化するべきだったはずです。それなのに、国会周辺からも、首相官邸のまわりからも、組合や反対派の赤旗一本も見えず、誰《だれ》一人いなくなってしまった。まるで、狐《きつね》につままれたようでした。いったい、どういうことだったのでしょう。

平成二十七(二〇一五)年の平和安全法制のときも、二万人か、三万人ぐらいが国会前に集まって騒《さわ》ぎ立《た》てましたね。民主党の岡田克也代表や、小沢一郎さん、共産党の志位和夫委員長も、みんな拳《こぶし》をあげて大騒ぎしたのです。ところが、平和安全法制が通ってしまった。

その後、北朝鮮情勢が緊迫《きんぱく》して、昨年は海上自衛隊の護衛艦がアメリカの空母を護衛するために横須賀港から出動していきました。そして航空自衛隊の戦闘機がアメリカの爆撃機を守るために、飛び立ってゆくわけです。

あれほど平和安全法制を「戦争法案」だといって、猛然《もうぜん》と反対したのであれば、岡田さんも、小沢さんも、志位さんも、横須賀の海上自衛隊の基地の前まで行って、反対デモを行うはずでしょう。それが何もしないんです。

ああいった手合《てあ》いの人たちは、ハロウィンのときに渋谷のスクランブル交差点や、六本木の通りに大勢で集まって、お祭り騒ぎする人たちと何ら変わりません。翌朝になると嘘《うそ》だったように、誰《だれ》一人いなくなってしまうのですから、まったく変わりません。虚《うつ》ろなお祭り騒ぎをしているだけのことなのです。

ケント　そう、渋谷で騒いでいる若者たちと変わらない。まったく同じ構図ですよ。

加瀬　不真面目《ふまじめ》です。平和安全法制が左翼が主張したように、本当に「戦争法」として危険なものだったら、新しい法律が通った後にこそ毎日、国会周辺をデモ行進するべきですよ。

真実にまったく関心がないのです。形だけ重んじるのも、日本民族の欠点ですね。日本国憲法もいったん出来上がってしまうと、それに対して真剣に異論を唱えようとしないのではないでしょうか。

ケント　おかげさまで、異論を唱える〝技術〟がないのです。日本人のプレゼンテーション能力は極端に低いですよ。国際会議を見ていても、日本人のプレゼンテーションは下手《へ》《た》くそで、どうしようもない。それは普段から発言しないからです。経験不足、訓練不足のせいで、自分たちの言いたいことが言えない。

そういった意味では、いまの河野太郎外務大臣はすごく例外だと思います。彼は、日本の国益について簡潔《かんけつ》に、しかも説得力のある言葉で表現していますから。彼の言葉を聞いていると新鮮で気持ちいいですよ。

親中・親韓派で知られ、悪名高き「河野談話」を発表した河野洋平元官房長官の息子だからということで、河野太郎氏の外相起用が決まったときは、「安倍さんは何を考えているんだ！」と危惧《きぐ》する声も保守派には多かったですが、結果的にはお見事な適材適所でした。アメリカに留学していたから英語も流暢《りゅうちょう》だし、思考回路が日本人らしくなくて、ズバズバ発言する。将来の総理大臣候補だと思います。

憲法における〝解釈〟とは

加瀬　十数年以上前の話ですが、憲法記念日にあたって、私のところにＮＨＫがカメラを持ってやってきて、「憲法について何かコメントをください」と言われました。

私は世界の憲法の中には、アメリカやドイツのように〝書かれている〟成文憲法があり、イギリスのように〝書かれていない〟不文憲法がありますと言いました。その上で、「日本は新しい憲法の形を生みました。それは〝解釈憲法〟です」と言ったんです。

これは、自分でもおかしい傑作《けっさく》だと思っていました。でもまさかテレビで放映しないだろうと思っていましたが、ＮＨＫはちゃんと放映しましたね。結構《けっこう》、視聴者に喜ばれたということでした。

自衛隊について〝解釈〟によって、その存在を認めていますが、憲法九条を素直に読めば、自衛隊は明らかに違憲だと思いますよ。しかし、こんなおかしな憲法を今日《こんにち》まで少しも改正することなく、〝解釈〟〝解釈〟でやってきたのは、本当のところは日本国民が憲法を粗末《そまつ》にしているからではないか、と思います。だったら、憲法改正運動も、なかなか盛り上がらない。

ケント　憲法学の上からいえば、「憲法典《けんぽうてん》」というのは文章ですが、「憲法」というのは「憲法典」だけを指すわけではない。アメリカの場合、成文憲法としての文章も確かにありますが、やはりイギリス伝統の不文《ふぶん》――文章に書かれていない――憲法も受け継いでいるわけです。受け継いではいますが、文章が無ければ新しい国としてまとまらないものだから、文章の憲法もつくったわけです。

そのアメリカの憲法のなかには、プライバシーの権利というものについてまったく書かれていません。「プ」の字もない。それでもプライバシーの侵害だから憲法違反だという判決はいくらでも出ているのです。どういうことかと言えば、プライバシーというのは、文章になる以前の、イギリスの憲法にある、自己の体に対する権利というものに当然含まれると解釈されているのです。それが現代でも、憲法上の権利として生きているわけです。

だから、憲法というのは文章の文言だけの問題ではない。それ以前の伝統も入っているのです。当然そこに〝解釈〟も入ってくるわけです。〝解釈〟は憲法の構成要素です。

そういう点から言えば、日本の憲法が一度として改正されていないというのは嘘《うそ》であって、憲法改正は何度もされています。小選挙区制にしたのも憲法改正だし、安保法制も憲法改正です。自衛隊をＰＫＯ派遣すると閣議決定したのも憲法改正なのです。

繰り返しますが、憲法というのは文章だけではない。文章だけをそのまま読めば、確かに自衛隊は第九条第二項の文章に違反しています。しかし解釈では合憲だと認めているのです。

ただし、文章がある以上は、その文章と正反対の解釈というのは、あまり良くありません。憲法については、解釈もいいかもしれないが、それが行き過ぎると無理がたくさん生じてくるのです。解釈ばかりするのであれば、もう現実に合わせて文章を修正した方がいい。私はそう思います。

加瀬　日本国憲法を読むと、政府をはじめ公共機関が私立の学校に補助金を出すのは違憲です。ところが実際には行われているでしょう。そういうことは、たくさんありますよ。

ケント　だから、日本国憲法の文章がどうなっているかを言葉通りに説明する人たちを、私は「憲法学者」とは認めないのです。「憲法学者」というのは、憲法の文章はこうなっているけれども、憲法はどうあるべきか、それを議論するのが本当の仕事なのです。

憲法の文言では軍隊を持ってはいけないことになっているけれども、自衛隊は必要である、ではどうするのか。それを議論できないようでは「憲法学者」とは呼べません。そういう意味では、日本には憲法学者が本当に数えるほどしかいません。憲法学は、徹《てっ》頭徹尾《とうてつび》、現実社会も踏まえて議論すべき学問だと私は思います。

私も法科大学院で憲法学を学んだときはよくやりました。講義のときは、憲法条文と現実社会がどうなっているかは前提知識です。アメリカは州によって憲法が異なりますから州の憲法、それからイギリスなどの外国の憲法を照らしてみて、憲法と政策について議論するわけです。判例も読みますが、「この判事の論理がいい」とか「違う意見を持っているこちらの判事の文章が説得力がある」とか、そのようにして憲法学を学びました。

ところが日本は、現実の社会を、憲法の条文と判例に照らして「だめ、だめ」と言っているだけですよ。「それだめ、あれだめ」と。幼稚園児ではあるまいし……。「だめ、だめ」と言ってばかりの憲法学者はすごく多いのです。

私が弁護士事務所に就職して、すぐに上司に言われたことがありました。たとえば、ビジネスを始めたい人がいて「これは法的に大丈夫ですか？」と尋《たず》ねられたら、「それは法律違反だからだめです」と答えるだけで相談料がもらえると思ったら間違いだぞと。答えになっていない。クライアントは、法律違反にならないためには法的にどのようにしたらいいかと本当は聞いているのだ。合法的にそれができるかどうかを教えて、そこで初めて相談料がもらえるのだぞと言われました。

工夫というか、想像力というものが絶対に必要なわけです。六法全書を暗記して、それを吐《は》き出《だ》せばいいという話ではない。日本の法学部はそういう訓練をしていません。それが問題なのです。特に憲法に関しては、いま相当《そうとう》無理がきていますからね。きちんとした議論をするべき時なのです。

憲法を押し付けたことを最後まで認めなかったマッカーサー

加瀬　私はマッカーサーに、会ったことがあるんです。現存している日本人のなかで、珍《めずら》しいでしょう。一九五六（昭和三十一）年のことでした。マッカーサーは七十六歳ぐらいで、ニューヨークのマンハッタンで最も豪華《ごうか》と言われた、ウォルドルフ・アストリアホテルの上層にペントハウスがあって、そこに住んでいました。

それで、ちょっと前置きをしなければなりません。

私は鎌倉で育ちましたが、自宅から由比ヶ浜通りに出る辻《つじ》の途中に、大麻唯男《おおあさただお》という自民党の大物議員の家がありました。大麻さんは夫婦ふたりだけで、子供がいなかった。私はその家の前を中学生としてよく通るうちに、大麻さんが声をかけてくれて、家に上げてもらい、お菓子をご馳走《ちそう》になったりしていました。

その大麻邸によく出入りしていた青年代議士に、園田直《そのだすなお》さんがいました。園田さんは熊本県天草島《あまくさとう》出身で、戦後に衆議院議員となって、官房長官や外務大臣などを歴任しました。園田さんは大麻派で、よく大麻邸に来ていたので、待ち時間に私と一緒に将棋をしたのです。将棋仲間でした。そんなことから、私が早熟だったせいか、大変親しくなりました。

私がニューヨークに留学したときに、園田さんが外務政務次官としてニューヨークを訪れました。すると園田さんが、私に「何とか、マッカーサーに会えないか」と言うんです。私はコロンビア大学の学生でしたが、『ニューヨーク・タイムズ』の若い記者と親しかったので、何とかならないかと相談したら、マッカーサーの副官に取りはかってくれることになったんです。元帥《げんすい》は「終身」です。副官が終身つきます。

そうしたら、マッカーサーは歓迎するといって、ウォルドルフ・アストリアのペントハウスに招《まね》いてくれました。そこはまるで日本の国宝館のようでした。伝統工芸品などがびっしり置かれていました。応接間に通されて、園田さんは英語ができないので、私が通訳としてマッカーサーと一時間半ほど話をしたのです。まず私たちがマッカーサーの前のソファに座ると、コーヒーテーブルの上にあった銀製のシガレット・ボックスから、タバコを手に取ってすすめてくれた。私たちがタバコを取ると、マッカーサーがひどく震《ふる》える手でマッチを摺《す》って、火をつけてくれました。

マッカーサーは東京に進駐《しんちゅう》した直後に、昭和天皇がアメリカ大使館にマッカーサー元帥をたずねられると、同じようにタバコをおすすめした。陛下はタバコをお吸《す》いにならないが、タバコを取ってお咥《くわ》えになると、マッカーサーが火をおつけした。

マッカーサーは父親が陸軍大将、フィリピン総督だったから、育ちがよい。このようなマナーを身につけていたんですね。

ケント　園田さんはどんな話をしたのですか？

加瀬　はじめに、憲法制定のときのことを尋《たず》ねました。すると、マッカーサーは「幣原首《しではら》相が涙を浮かべてやってきて、『日本は永久に戦争を放棄したい。軍備も持たない。その条項をぜひ入れたい』と言ったから、私は賛成したのだ」と言いました。これは、明らかな嘘《うそ》ですよ。

ところが、話をしているうちに、だんだん興奮してきたのでしょう。とにかく、当時は米ソ冷戦の真《ま》っただ中《なか》です。「日本はアジア最強の軍備を持って、アジアの安定に貢《こう》献《けん》しなければならない」と、演説を始めました。時間がたって帰るときに、マッカーサーがエレベーターの前まで見送ってくれました。マッカーサーは大喜びでした。というのも、ウォルドルフ・アストリアに移ってからは、訪ねてくる日本人がいなかったのです。そこにわれわれが行ったものですから、久しぶりに日本から来たと大歓迎でした。

マッカーサーは日本国憲法を押し付け、憲法九条を押し付けたものの、それからわずか三年後に、朝鮮戦争が起こりました。そこで、「大失敗だった」と臍《ほぞ》をかんだのです。

マッカーサーは占領軍総司令官になった頃《ころ》から、アメリカの大統領になることをねらっていました。本人は大統領になれると信じていたんです。ところが、日本にあの〝間《ま》の抜《ぬ》けた平和憲法〟を押し付けたのが、大失敗となった。だから、マッカーサーは最後まで、自分の責任だと絶対に認めなかったのです。

ケント　それで幣原のせいにしたのですね。それにしても、マッカーサーに会えたなんて貴重な体験ですね。そういう日本人はもうほとんどいないのではないでしょうか。

吉田茂首相はなぜ軍隊をつくらなかったのか

加瀬　吉田茂を身近に知っていた人も、今では少ないでしょう。

吉田さんが駐英大使としてロンドンにいた時、私の父（加瀬俊一）が若い一等書記官として吉田さんの右腕として働きました。その縁《えん》で父は、吉田さんと終生《しゅうせい》親しくしていました。

私は生後六ヵ月で、父が転勤したのでロンドンに連れていかれて、四歳になる前に帰ってきました。日本に帰ったのは、ヒトラーがポーランドに侵攻してヨーロッパで戦争が始まったからです。邦人家族が帰国することになり、私たちは父を残して東京へ戻りました。吉田さんはロンドン時代の小さな頃《ころ》の私を、よく覚えていてくれました。

吉田さんは鎌倉の私の家にも遊びに来たし、私も大磯の吉田さんの家に遊びに行きました。吉田さんはウイットに富んだ、悪戯《いたずら》っ子のような人でしたが、学究的な人ではありません。勘《かん》が良い人でしたね。

あるとき、駿河湾《するがわん》を一望できる吉田さんの書斎にいつものように通されました。外務省を退職した執事がいて、「今日は昼寝をされていないので、なるべく短めに切り上げてください」と言われていました。

ところが、吉田さんはすごく上機嫌で、いろいろ話をしてくれました。いつも和服姿です。五分ぐらい経《た》ってから、「そうだ、うまいブランデーをご馳走《ちそう》しよう」と言うんです。すると黒服のボーイが現れて、銀盆にブランデーの瓶《びん》とグラスを二つのせて運んできました。吉田さんは眼鏡《めがね》をかけてブランデーの瓶《びん》を手にとって見て、「あっ、これじゃない。今日は特別な客だ。とっておきのを持っていらっしゃい」と命じたんです。ボーイが一回戻って、またブランデーの瓶を持ってきました。

ケント　特別な客としてもてなされたわけですね。

加瀬　いや、そうじゃなかったんです。その日はブランデーを二杯ご馳走《ちそう》になって帰りました。爺《じい》さんは一杯舐《な》めるように飲みました。

後日、自民党のある議員にその話をしたら、「あっ、俺《おれ》もそれにひっかかったんだ」と絶句しました。吉田さんは誰《だれ》に対してもそうやって、「自分だけ特別だ」と思わせていたんです。機知《きち》に富んで、人をからかうのを楽しむところがありました。

ケント　それは持ち上げるのがうまい。

加瀬　そんな吉田さんですが、本は読まなかったですね。部屋にはいつもの洋書が何冊も積んでありましたが、「英明君、あまり本は読まない方がいいですよ。本を読みすぎるとおかしくなるから。私は皇太子殿下(今上陛下《きんじょうへいか》)にもそう申し上げた。勉強しすぎると人間おかしくなるからね」と言っていました。

私は親しくしてもらったから、言いづらいですが、吉田さんは二流の政治家だったと思います。というのも、日本が独立を回復したサンフランシスコ講和条約を結んで帰ってきたとき、政治生命を懸けて憲法を改正するべきでした。あの当時はそれができたのです。ところが、政権に恋々《れんれん》としてそうしなかった。

後《のち》に国務長官になるダレス特使が、講和条約が締結《ていけつ》される前に日本にやってきて、まっとうな軍備を持つように勧《すす》めた。ところが、吉田さんは「いまの日本の経済力ではとても無理だ」と言って断った。

なぜ、吉田さんは軍を持つことを拒《こば》んだのか。吉田さんは戦前戦中、軍からいじめられたのです。広田弘毅《ひろたこうき》内閣のときに吉田さんが外務大臣になるところでした。ところが、軍から「吉田は英米派だから」と言って拒《こば》まれてなれなかったことがありました。

ところが、広田さんは東京裁判で死刑になっていますから、吉田さんがあのとき外相になっていたとしたら戦犯となって、とても首相にはなれなかった。運が良かったといえば、良かったんですね。吉田さんは軍に徹底的にいじめられたものだから軍が嫌いで、自衛隊を軍にするのを頑《かたく》なに反対したわけです。

他方、岸信介《きしのぶすけ》さんはA級戦犯容疑者として逮捕されました。三年間、巣鴨《すがも》に収容され尋問《じんもん》を受けたが、起訴されずに済んだ。

それで戦後になって釈放されると、ただちに憲法改正運動を始めました。岸さんの悲願は憲法を改正することでした。残念なことに安保騒動で総理大臣を辞めることになりましたが、岸さんは憲法改正に真剣に取り組みました。私は晩年の岸さんと親しくさせてもらいました。戦後の最高の首相でしたね。超一流の人物です。今、安倍首相の中に岸信介が生きていると思います。

ケント　一九六〇年の安保闘争をやってマスコミに流れていった人たちは、岸首相のことが思い出されるから、安倍首相が嫌いなのでしょう。マスコミの安倍首相批判はそういうところにも根っこがあるのですね。

加瀬　あのときに岸さんが辞めないで、岸内閣が続いていたとすれば、日本はこんなひどい状況になかったと思います。憲法もまだ改められないような、こんな日本ではなかったでしょう。

戦後、警察予備隊が保安隊になって、それから自衛隊になるわけですが、吉田さんが小規模でも〝軍〟にしていれば、今日《こんにち》の日本は違っていました。軍は精神が、何よりも大切です。その意味で、私は吉田さんは二流の政治家だったと、思います。天皇を崇敬《すうけい》したところは、満点をつけますが、このような人が戦後の日本を作ったのは、日本の不運でした。

第5章

日本国憲法は このように改正しよう

憲法に自衛隊を明記すべし

日本国憲法 第九条（戦争の放棄、戦力の不保持、交戦権の否認）

1. 日本国民は、正義と秩序を基調とする国際平和を誠実に希求《ききゅう》し、国権の発動たる戦争と、武力による威嚇《いかく》又《また》は武力の行使は、国際紛争を解決する手段としては、永久にこれを放棄する。

2. 前項の目的を達するため、陸海空軍その他の戦力は、これを保持しない。国の交戦権は、これを認めない。

加瀬　多くの日本人の憲法観がおかしいのは、まず日本国憲法があって、その下に日本国があるという発想です。まさか、そうではありません。日本があって、日本に合った憲法がその後に従わなければなりません。日本があくまでも主《しゅ》で、憲法が従《じゅう》です。ところが今の日本は、馬車が先頭にあって、その後ろに馬を繋《つな》いでいるような愚《おろ》かなことです。これでは立ち往生《おうじょう》して、前へ進めません。

ケント　鋭《するど》い指摘ですね、本当にそうです。今のほとんどの日本人は、生まれたときから日本国憲法があったから深く考えていないと思うのですが、憲法九条というのは本当に異常ですよ。病気です。癌《がん》です。

ところが、子供たちは学校へ行くと、九条は貴重なものだと教えられます。学校の先生が一所懸命に「九条があるから日本は平和である」と言うものだから、子供たちは「日本を守っているのは九条だ」と信じ込んで大きくなるのです。

加瀬　いまの憲法が当たり前だと、信じ込んでしまっている。国が滅《ほろ》びてしまいます。

ケント　日本は憲法をどのように改めたらいいか、ということについて話しましょう。憲法九条の変え方については、私は四つあると思っています。

実現性として難しい順から言えば、最もよいのは九条を削除してしまうことです。しかし現実的にこれは無理でしょう。そうであるなら、九条第一項は残しておいて第二項を削除する。それがだめなら、第二項を削除しないけれども、軍隊を保有して国を守るという内容にしてしまう。それもだめなら、第三項を入れて軍隊を持つことを明記する。現実的にいえば、第三項を新たに加えることにまずなるかもしれません。

加瀬　安倍首相は九条の第一項、第二項はそのままにしておいて、第三項として自衛隊を明文化する案を提示しましたが、私も第三項を付け加えるのがよいと思います。そうすることによって、次の改正に踏《ふ》み出《だ》しやすくなります。

ケント　そうなのです。現行憲法は一回改正しただけで終わりではありません。天皇の条項もありますし、緊急事態条項も必要でしょう。それに日本語としておかしな文章もあるでしょう。

加瀬　国民がおかしな文法をつかって、平気でいる憲法を持っている国は、世界で珍《めずら》しいですよね。もし、中学校の国語の授業で、生徒が憲法の前文を朗読してから、「先生！先生がいつも護ろう、護ろうと言っている日本国憲法の前文は、文法があきらかに間違っています！　先生はどうして、今日まで憲法の誤りを正そうとしてこなかったのですか？」と質問したら、きっと立《た》ち往生《おうじょう》することになるでしょう。

それに、原文が外国語で書かれている憲法というのも、信じられません。

私は護憲派の人たちは、アメリカが大好きなあまり、日本のことを忘れているのだと思っています。アメリカにずっと縋《すが》っていたいわけですからね。日本語のなかに、英語や、ヨーロッパ諸語に翻訳《ほんやく》できない言葉がありますが、「有難迷惑《ありがためいわく》」がその一つです。アメリカにとって護憲派の片想いは、有難迷惑《ありがためいわく》でしょう。

ケント　ある意味、大好きな親に反抗しているような子供ですね。九条を守るということは、米軍基地をそのまま固定化するという意味です。米軍基地で行われていることを日本が自らやってくれるのであれば、アメリカ軍は出ていくでしょうけれど、それはやらないというわけでしょう。「九条を守ろう、米軍は出て行け」というのは矛盾《むじゅん》しています。護憲派の人たちはそれが分からないのでしょうか。いまの日本において憲法改正は当たり前のことだと思います。憲法改正に反対する理由が分かりません。

加瀬　結局のところは、日本が「国」であってはいけないということです。当初、マッカーサーは日本が独立国であってはならないと、思いました。しかし、国家であればこそ、軍を持つのは当たり前なのです。

ケント　至極《しごく》当たり前です。当たり前すぎて、アメリカの憲法には書いていません。だから私は、憲法九条はそのまま削除すればいいと思います。九条なんか要《い》らない。当たり前なんだから、法律で制定すればいいのであって、憲法に書く必要はない。私はそれでいいと思っています。だから、九条二項がどうのこうのではなく、私は単純に「九条削除派」です。そちらの方がすっきりするでしょう。

加瀬　日本国憲法に警察や消防や郵便局を保持するとか、書いてありませんね。それと同じように、軍を持つことも当たり前なのだから、書かなくていいわけですね。

ケント　その通りです。左翼の連中が言うように、軍隊を持たないと書くことによって日本の平和を守ることができるというのであれば、日本国憲法に「台風が来てはいけない」と書いておけば日本を台風から守ることができるでしょう？　あと地震も禁止にすればいい。

加瀬　では、台風、地震禁止も、病気禁止も、犯罪禁止も書きましょう。

ケント　本当ですよ。そのレベルの論理なのです、あの九条は。

日本語としておかしな文章の日本国憲法

日本国憲法 前文

日本国民は、正当に選挙された国会における代表者を通じて行動し、われらとわれらの子孫のために、諸国民との協和による成果と、わが国全土にわたつて自由のもたらす恵沢《けいたく》を確保し、政府の行為によつて再び戦争の惨禍《さんか》が起ることのないやうにすることを決意し、ここに主権が国民に存することを宣言し、この憲法を確定する。そもそも国政は、国民の厳粛《げんしゅく》な信託によるものであつて、その権威《けんい》は国民に由来し、その権力は国民の代表者がこれを行使し、その福利は国民がこれを享受《きょうじゅ》する。

これは人類普遍の原理であり、この憲法は、かかる原理に基くものである。われらは、これに反する一切の憲法、法令及《およ》び詔勅《しょうちょく》を排除する。

日本国民は、恒久《こうきゅう》の平和を念願し、人間相互の関係を支配する崇高《すうこう》な理想を深く自覚するのであつて、平和を愛する諸国民の公正と信義に信頼して、われらの安全と生存を保持しようと決意した。われらは、平和を維持し、専制と隷従《れいじゅう》、圧迫《あっぱく》と偏《へん》狭《きょう》を地上から永遠に除去しようと努めてゐる国際社会において、名誉ある地位を占めたいと思ふ。われらは、全世界の国民が、ひとしく恐怖と欠乏《けつぼう》から免《まぬ》かれ、平和のうちに生存する権利を有することを確認する。

われらは、いづれの国家も、自国のことのみに専念して他国を無視してはならないのであつて、政治道徳の法則は、普遍的なものであり、この法則に従ふことは、自国の主権を維持し、他国と対等関係に立たうとする各国の責務であると信ずる。

日本国民は、国家の名誉にかけ、全力をあげてこの崇高な理想と目的を達成することを誓《ちか》ふ。

ケント　日本国憲法は、占領軍草案の憲法をそのまま翻訳《ほんやく》したから文法が間違っていて、おかしな日本語になっていることも問題です。

加瀬　憲法の前文の一部だけ、読んでみましょう。

「日本国民は、正当に選挙された国会における代表者を通じて行動し、われらとわれらの子孫のために、諸国民との協和による成果と、わが国全土にわたって自由のもたらす恵沢《けいたく》を確保し、政府の行為によって再び戦争の惨禍《さんか》が起ることのないようにすることを決意し、ここに主権が国民に存することを宣言し、この憲法を確定する」

この部分を、〝文法〟を考えるために短くしてみると、こうなります。

「日本国民は……われらとわれらの子孫のために……この憲法を確定する」

では、「われらとわれらの子孫」は、いったい誰《だれ》なのでしょうか？　意味がまったく通じません。
ところが、日本国憲法の原文は英語です。その原文をみると「We, the Japanese people」となっています。正しく翻訳すると、「われら日本国民は……われらとわれらの子孫のために……この憲法を確定する」となり、文法的に正しく、意味が通じます。

原文の英語であると、「われらとわれらの子孫」が「日本国民」だと解ります。ところが、翻訳するときに「われら日本国民は……」と続けると、日本語として回りくどいから「われら」を取ってしまったのでしょう。

とにかく、GHQの民政局員がたった五日間で大慌《おおあわ》てででっち上げた憲法であって、日本人翻訳者を急遽《きゅうきょ》集めて、急いで翻訳させたんです。あまり急がせたものだから、日本語がおかしな表現が多い。言葉もきわめて翻訳調です。

ケント 変な日本語になっていますね。

加瀬 私はこの「われらとわれらの子孫のために」という部分を、「アメリカ国民とアメリカ国民の子孫のために」と、解釈しますけどね。マッカーサー元帥《げんすい》は日本のためではなく、アメリカのために「この憲法を確定」したのです。

ケント　そう解釈すれば、第九条だってよく理解できるでしょう。憲法九条において日本に軍備を持たせなくしたのは、「アメリカのため」なのですから。

加瀬　このように、文法がおかしい「判《はん》じ物《もの》」の憲法を持っているのは、世界中で日本だけです。それに、日本国憲法はもともと英文で書かれた。母国語で書かれていない憲法を持っているのも、世界中で日本だけです。

ケント　私は、憲法で次の部分が嫌いです。前文に「平和を愛する諸国民の公正と信義に信頼して、われらの安全と生存を保持しようと決意した」とあるでしょう。この「に」は何でしょうか？　「を」が正しい日本語でしょう。しかも、自国の安全と生存を、他国民の公正と信義を信頼して保持するというのですから、「性善説」もいいところです。人が良すぎるにもほどがある。日本国の周りは善い人ばかりですか？

その前の文章も変ですね。「日本国民は、恒久《こうきゅう》の平和を念願し、人間相互の関係を支配する崇高《すうこう》な理想を深く自覚するのであって……」

そもそも「平和」という言葉は法律用語でもなければ、法的概念を持つ言葉でもありません。「平和」とは、それを言う人の単なる〝主観〟にすぎない。客観的な定義がないんです。また、現在の日本社会ではほとんどプロパガンダ用語になっています。誤魔《ごま》化《か》しの言葉ですよ。「平和憲法」と言っているのは誤魔化《ごまか》しです。

「平和主義」も同様です。日本でいう「平和主義」は、単なる「不戦主義」です。「平和主義」を唱える左翼の人たちは、「不戦主義」によって「平和」になると言いたいわけです。だけど、それは違います。国際社会は「不戦主義」によって「平和ではない状態」がつくり出されてしまう。だから〝誤魔化《ごまか》し〟にしか過ぎないのです。

そう考えると、前文の「平和云々《うんぬん》」という部分は意味がありません。すべて削除していい文章なのです。意味があるのは、「われらの安全と生存を保持しようと決意した」というところだけです。その自分たちの「安全」を「保持」できなくするのが、憲法九条です。だから私は、憲法九条こそ〝憲法違反〟だと言っているのです。

加瀬　税金で支えられてきた国語審議会（文化審議会国語分科会）がありますが、一度たりとも「憲法の国語がおかしい」と指摘していないのは、怠慢《たいまん》ですね。これまで、内閣法制局も最高法規である憲法の日本語が誤っていることを、問題にしたことがありません。法律は正しい言葉で書かれていなければ、ならないはずです。

ケント　まあ、防衛省が現行憲法について少しでも否定的な発言をしたら、左派政党やマスコミの餌食《えじき》になるのは目に見えていますからね。

憲法には、第二十五条がいわゆる「生存権」について、第十三条は「個人の尊重、幸福追求権および公共の福祉」について書かれてあるけれども、それらを〝台無し〟にしているのが第九条です。私は「九条こそ憲法違反だ」という訴訟《そしょう》を起こしたいぐらいです。

加瀬　日本国憲法は、日本語として無茶苦茶《むちゃくちゃ》ですよ。言葉の乱れは、精神の乱れです。酔《よ》っぱらいが舌《した》がまわらないのと、同じようなことです。戦後の日本人の精神が乱れていることを、あらわしています。

日本国憲法 第二十五条（生存権）
すべて国民は、健康で文化的な最低限度の生活を営《いとな》む権利を有する。
国は、すべての生活部面について、社会福祉、社会保障及《およ》び公衆衛生の向上及び増進に努めなければならない。

天皇を「象徴」と表現するのは日本人に馴染《なじ》まない

日本国憲法 第一条（天皇）
天皇は、日本国の象徴であり日本国民統合の象徴であって、この地位は、主権の存する日本国民の総意に基《もとづ》く。

加瀬 憲法第一条に「天皇は、日本国の象徴であり」とありますが、「象徴」という言葉は馴染《なじ》まないですね。国旗は日本国の象徴であるといった使い方はできますけど、人間が象徴だというのは馴染《なじ》まない。

ケント　「象徴」というのも、法律用語でもなければ、法的概念を持った言葉でもありません。「平和」という言葉と同じです。だから「この条文は何なの？」と私などは考え込んでしまいます。

「象徴」という言葉が盛り込まれたのは、おそらく極東委員会の反発を恐れたからでしょう。マッカーサーは極東委員会の干渉《かんしょう》を逃《のが》れるために、日本国憲法を性急《せいきゅう》につくらせたわけですが、憲法で天皇を「元首」としていたら、おそらく極東委員会は許さなかったでしょう。だから「シンボル（象徴）」という言葉を選んだのだと思います。

加瀬　ロシア人などの極東委員会を、騙《だま》すためだったんですね。ただ、「元首」という言葉も、日本の天皇の場合に、好《この》ましいと思いません。天皇は元首よりも、はるかに尊い存在です。「元首」というのも明治以降の翻訳語《ほんやくご》だし、「元首」は、政治的に取り替えのきく地位を言います。何か不都合が起こったとき、辞めさせることができる、そんな言葉です。

ケント　「元首」は選ぶものですからね。アメリカの元首は大統領です。イスラエルは元首としての大統領がいますけれど、実際に国を司《つかさど》っているのは首相です。イギリスも女王が元首としていますけれど、政治はまた別で首相がいます。

そういった国々とまた日本は別と言えるのですが、要は「国体」をどうやって英語などの外国語で表現するかなのです。

この日本の「国体」をアメリカはたいへん誤解したわけです。太平洋戦争のときも、アメリカは日本にずっと降伏を要求してきましたが、日本側は「国体」だけを守ってくれるならばギブアップしてもいいと言ったわけでしょう。

加瀬　そうです。日本は「国体を守る」という〝条件つき〟でアメリカに降伏しました。

ケント　最終的にはそうですね。しかし、天皇を残すことにアメリカなどは反発したのです。それは天皇とヒトラーとを同一視していたからです。天皇も同じような独裁者だと思っていました。実際はまったくそうではありませんが、当時のアメリカはどうしてもそれが理解できなかったように思います。

加瀬　当時のアメリカには、理解できなかったでしょう。

ケント　「国体」という言葉を英語にすると、「National Polity（ナショナル・ポリティ）」ということになっていますが、それでは意味が分かりません。意味不明な言葉になっているのですよ。そんな概念は英語にありません。「ナショナル・ポリティ」という言葉そのままに解釈して、すなわち「天皇こそが日本だ」と言うのであれば、それはまさに独裁と考えてしまいます。

独裁者というのは、その個人が終わってしまえば終わります。ところが、天皇が代わっても「国体」はそのまま変わりません。だから天皇というのは個人ひとりを指すのではないのですね。私は、日本の「国体」を理解するには二千六百年前まで歴史を遡《さかのぼ》らなければ分からないと思っています。日本人がキリスト教の存在を前提につくられた西洋社会の常識を簡単には理解できないように、天皇の存在を前提につくられた日本社会の常識を西洋人が理解するのも簡単ではありません。

ところが、終戦直後の日本は、その西洋人には理解しがたい制度を残してほしいと言ったわけです。それは「昭和天皇」の戦争責任を問わないことに限った話ではありませんでした。そのことをきちんとアメリカに説明することができなかったことが大きな問題だと思います。アメリカ側の理解力も問題あるとは思いますが……。

加瀬　私は、憲法第一条も改めるべきだと思います。たとえば、「天皇はわが国の歴史を通じて、日本を統《す》べてこられた」とか「天皇は最も尊い存在である」といった表現の方が、憲法にふさわしいと思います。

ケント そうですね。「元首」と言わないで。とにかく「象徴」という意味が不明確な言葉は良くないですよ。

加瀬 もともと「象徴」という言葉も、翻訳語です。戦前、新渡戸稲造《にとべいなぞう》とか、ごく一部の学者が使っていますが、どうも借りてきた言葉のようで、人間が「象徴」というのは馴染《なじ》まないですね。

ケント 「象徴」は、拝《おが》む対象ということでしょう。占領軍は「日本人は天皇を拝んでいる」と思っていたわけですから、そういう言葉が出てきたのでしょうね。

加瀬 天皇が〝神聖《しんせい》〟を帯《お》びていることは、誰《だれ》も否定できません。日本国民の中で、天皇が「普通の人間だ」と思っている人は、まず少ないでしょう。何よりも尊い存在なのです。だから、憲法の文言としてそのような表現を入れたらよいと思います。

やはり、私たちは美しい、誰にでも分かる使い慣れた日本語で、自らの憲法を創らなければならないのです。

日本と天皇をよく理解していたグルーとフーバー元大統領

ケント　終戦直後、天皇を残さなければ占領行政というのは成り立ちませんでした。もし天皇が逮捕されて巣鴨《すがも》刑務所に入れられたら、各地で暴動が起きて、とても軍事的に鎮《ちん》圧《あつ》することは無理だったでしょう。日本中が大混乱に陥《おちい》って、共産党勢力の思惑通《おもわくどお》り、日本はおそらく共産主義国家になっていたでしょう。

加瀬　そのことを、マッカーサーはよく理解していました。信仰の内容がまったく違いますが、日本はアメリカと同じように信仰に基づいた国でした。日米開戦まで十年にわたって駐日大使を務め、終戦まで国務次官だったジョセフ・グルーなどは、日本をよく理解していましたね。

ケント　しかし、占領行政にはグルー氏の考え方は通りませんでした。天皇制をなくしてしまえば、日本を統治するのは到底《とうてい》不可能であることは分かっていましたが、知日家であるグルー氏の意見をＧＨＱはもっと取り入れれば良かったのです。ＧＨＱはグルー氏を〝日本贔屓《びいき》〟と捉《とら》えてしまったのです。

加瀬　そういうことで言えば、終戦時にトルーマン大統領は、フーバー元大統領の意見を取り入れていれば良かったのです。トルーマン大統領はルーズベルトの前任者だったフーバーと、親しかったんです。

ところがルーズベルトは、フーバーも、トルーマンも大嫌いだった。ルーズベルトは大統領を四期務めて、四期目の途中で急死して、副大統領だったトルーマンが昇格しました。ルーズベルトは四期目の大統領選挙に出馬したときに、政治的必要から、ミズーリ州選出の上院議員だったトルーマンを、副大統領候補として選んだものの、田舎者《いなかもの》で粗野《そや》なトルーマンを嫌って、大統領就任式で同席したものの、その後は一度も会うことをしなかった。

フーバーは日本とアメリカは同じ価値観を分かち合っているから、日本とできるだけ早く講和をするべきだと、トルーマン大統領に進言しました。

そして、フーバーは日本軍の中国大陸からの撤兵はできるだけ時間をかけ、日本軍が中国の共産化を阻止《そし》するために、中国大陸にいた方がよい、日本による台湾、朝鮮半島の領有を認めるべきだと、助言しました。

トルーマン大統領はこのフーバーの意見に耳を傾《かたむ》けたものの、当時のアメリカ世論は日本憎《にく》しで滾《たぎ》っていて、そんなことを到底《とうてい》受け入れるものでなかったし、統合参謀本部も反対したので、実現できなかった。

フーバーは炯眼《けいがん》の士《し》でしたね。もし、トルーマンがフーバーの助言に従っていたとしたら、共産中国が出現することも、朝鮮戦争が起こることもなかった。フーバーは回想録をのこしていますが、必読の書ですね。

そして、トルーマンはマッカーサーを虚栄心《きょえいしん》の塊《かたまり》で、〝ヘボ将軍〟だとみなして軽蔑《けいべつ》して、毛嫌《けぎら》いしていましたが、マッカーサーがアメリカ国内で高い人気を博していたために、どうすることもできなかった。

マッカーサーは第一次大戦中、ヨーロッパ戦線で師団長を務めたときから、ＰＲがうまかったので、マスコミの寵児《ちょうじ》になっていました。だけど、トルーマンは頑迷《がんめい》な人種差別主義者で、ミズーリ州の自宅に一度も黒人とユダヤ人を、玄関先にも入れたことがないことを、自慢していました。大統領になってから、「日本人《ジャップ》は動物だ」という発言も記録されています。

それに対して、グルーは有能な大使でした。日本人に対する偏見《へんけん》も、差別もなかった。皇室を敬《うやま》っていました。あの時代のアメリカでは珍《めずら》しい、高潔《こうけつ》な人でした。もっとも、グルーのような大使が東京にいたので、日本側がアメリカも信頼できる国だと見《み》誤《あやま》ったということもありますね。

日本国憲法は、当時のアメリカが日本人を人種差別していた賜物《たまもの》ですね。

ケント　やはり憲法第一条は改正した方がいいですね。加瀬先生が言われるような表現の文言にしたらいいと思いますよ。「元首」というのは私でもちょっと違和感があります。「元首」という言葉であれば、「象徴」の方がまだマシな感じがします。それでも「象徴」はやはりおかしな表現です。

となれば、「天皇」を「元首」と呼ばないで別の表現、日本的な表現にしないといけません。いわゆる「国体」について、法律用語をもってどのように表現するかということです。

加瀬　法律用語ではないですが、「統《す》べる」というのは、日本の天皇の本質を現している歴史的事実です。「最も尊い存在」というのも、法律用語ではありませんが、これも事実です。私は憲法は法律を超えた文書ですから、そうした表現がふさわしいと思います。「日本国を代表するご存在」というのもいいでしょう。

「元首」はヨーロッパの歴史をみても、取り替えのきくものです。ところが、天皇を取り替えることはできません。だから、私は「元首」という言葉に反対してきました。

歴史に根ざした日本人の誇り

ケント　私は、世界中に君主制の国や王室が数ある中で、天皇という存在を考えれば考えるほど、その意義の大きさを感じています。

戦後の占領政策というのは、日本にとってかなり残虐《ざんぎゃく》と言えるものでした。日本古来の文化をそのまま破壊しようとしたのですから。教育改革では、日本のことを誇りに思えるような歴史は一切教えない。自虐史観ばかりを教え込むわけでしょう。それに優秀な人間はすべて追放する、公職追放ですね。労働組合は、制度は別にいいのですが、その中に共産主義勢力が入り込んで牛耳《ぎゅうじ》ってしまったわけです。

神道《しんとう》も禁止しようという考え方までありました。靖國神社をドッグレース場にしようという考えも出ていました。漢字を廃止してローマ字にしようという考えも。さすがに、これらは行き過ぎで、現実性のないものでしたが……。

その占領政策が終わってからも、日本は七十年間ずっと、偏向《へんこう》メディアがGHQの「ウォー・ギルト・インフォメーション・プログラム」を遂行《すいこう》し続けてきました。教育現場も同じく自虐史観を教え込んでいます。まるで愛国心がいけないような雰囲気が、日本国内に今でも蔓延《まんえん》しています。

それでも不思議なのは、世論調査をして「生まれ変わるとしたら、日本人にもう一度生まれ変わりたいですか？」という質問に九割の日本人が「はい」と答えるほど、自分の国が好きなのです。国旗は街中ではめったに見ないし、国歌もめったに歌いません。けれども、錦織圭《にしこりけい》選手がテニスの大会で優勝したりすると大いにわき上がりますね。それだけ日本人は自分の国に誇りを持っているのです。

占領という短期間で、アメリカは日本人の〝誇り〟を破壊しようとしたけれども、それができなかったのは、古くから続いてきて確固としたものとなっていたからです。それに天皇の存在が続いていることも、その理由にあると思います。

だから、今の偏向メディア、左翼メディアがどれほど自虐的であっても、日本人としての誇りが、ときとしてわき起こってくるのです。

日本よりも古い国は世界のどこにもありません。そして天皇はまさにその中心的存在です。他の国は何回も滅んでは興《おこ》り、また滅ぶという歴史を繰り返しています。

加瀬 中国は、三千年の歴史とか、四千年の歴史と言いますが、何回も国と王朝がせわしく変わっています。

ケント 日本だけなのです。私は講演するときに、歴代の天皇の時代において全世界はどのようになっていたかという地図を見せることがあります。すると、世界の国々はコロコロと遷《うつ》り変わっています。しかし、日本は少しずつ関東に伸びたり、東北に伸びたり、北海道に伸びて沖縄も加わったりしますが、日本という国は変わりません。ところが他の国々はめまぐるしく遷《うつ》り変わっています。これは考えれば考えるほど、本当にすごいことなのです。

貴重な歴史を日本人は持っています。けれども、それを教えないでしょう。『古事記』『日本書紀』を教えません。神話時代を教えません。神話などは、アメリカ人である私の方がよっぽど詳しいですよ。日本人は『万葉集』も読まないでしょう。あれほど素晴らしいものを。私から言わせれば、『万葉集』を勉強しないで日本文化は解るはずがないのです。

加瀬　平成二十八（二〇一六）年五月に、三重県伊勢志摩で「主要国首脳会議（Ｇ７サミット）」が開催されましたが、そのときにオバマ米大統領以下、各国の首脳が伊勢神宮の内宮《ないくう》を参拝されたでしょう。終戦の年の一九四五（昭和二十）年だったら、まったく考えられなかったことです。各国の首脳が次のような言葉を残していますね。

「幾世《いくよ》にもわたり、癒《いや》しと安寧《あんねい》をもたらしてきた神聖《しんせい》なこの地を訪れることができ、非常に光栄に思います。世界中の人々が平和に、理解しあって共生できるようお祈りいたします」（バラク・オバマ米大統領）

「日本の源であり、調和、尊重、そして平和という価値観をもたらす、精神の崇高《すうこう》なる場所にて」（フランソワ・オランド仏大統領）

「日本でのＧ７のために伊勢志摩に集《つど》うに際し、平和と静謐《せいひつ》、美しい自然のこの地を訪れ、英国首相として伊勢神宮で敬意を払うことを大変嬉《うれ》しく思います」（デーヴィッド・

キャメロン英国首相）

ひと昔前だったら、それこそ神道《しんとう》は邪教《じゃきょう》、あるいは原始的な宗教とみられていたでしょう。だが、二十一世紀になった今、各国の首脳は伊勢神宮を詣《もう》でるのにあたって、抵抗感がまったくなかったでしょう。

神道は、和の信仰です。人間も自然界の一部で、人、自然、すべてが共生する。自分だけが正しいという、独善がありません。

私は神道はエコロジーで、原始信仰であるとともに、人類の先端をゆく信仰だと思います。キリスト教の信者が神道を兼ねても、まったく矛盾《むじゅん》しません。神道は論理ではなく、心の働きです。

論理こそ抗争をもたらします。私は神道こそ、抗争に明け暮れている人類を救う信仰だと、信じています。

このように、日本の素晴らしさを日本人自身が自覚するとともに、世界にもっと発信していく必要があると思います。

「憲法は国家権力を制限する」という考え方について

加瀬　さきほど「国体」についての話が出ましたが、私は「国体」を「constitution（コンスティチューション）」と、訳してよいと思います。これは、私が敬愛した渡部昇一先生が日頃《ひごろ》説かれたことですが、肉体のつくりや、人間の肉体的な構造は、憲法も意味する英語でコンスティチューションでしょう。憲法もその国の在《あ》り方《かた》を、反映したものでないとなりません。

人間離れしたコンスティチューションがあって、人間があるわけではない。それと同様に、憲法があってその国があるわけではない。国があって憲法があるのです。だから憲法は、その国の在り方を反映したものでなければなりませんよ。

ケント　憲法は国家権力を制限し、人権保障をはかるものだという「立憲主義」の考え方がありますが、アメリカの憲法はそういうものとして捉《とら》えられています。それは、アメリカの歴史的背景があるからです。必ずしも日本がそれに当てはまるというものではありません。アメリカにおいては、国家権力を制限することが必要だったのです。

なぜかと言うと、十八世紀、イギリス帝国が北米大陸の東海岸に十三の植民地をつくりましたが、その十三の植民地はみんな独立国家みたいに振る舞っていました。それぞれが関税をかけ、中央には税金を納めない。軍隊というものも興《おこ》らず、国家の体《てい》をなしていませんでした。ましてや奴隷《どれい》問題というのもありました。それぞれが主権を唱えて、連邦にすべてを委《ゆだ》ねるというわけにはいきませんでした。「国益」という考えはなく、あるのは「植民地益」というようなものでした。

そこで十三の植民地を「州」としてアメリカを建国した際、アメリカの憲法は、すべての権限は「州」に帰属するけれども、これだけは連邦に権限を委ねましょうというものだったのです。簡単に言うと、郵便局、国防、州の境界線をまたがる貿易、それから国勢調査などです。当初、この程度しか連邦政府には権限がありませんでした。

その憲法の内容を各州で検討してみると、「何だ、われわれの人権はどうなるんだ」となったわけです。そのことについてはまったく書かれていないのです。それで憲法を追加で修正し、修正第一条から第十条までの「権利章典」をつくって、それぞれの州が承認したのです。それが、アメリカにおけるもともとの憲法の考え方です。

ですから、国家権力を制限するというのは、要は共和国のなかの連邦政府という国家権力を制限し、残りのすべては「州」に帰属させますよ、というものなのです。

加瀬　日本語では「アメリカ合衆国」と表記して、大衆の「衆」を書きますが、これはまったくの間違いですね。本当は「州」であり、「合州国」と書くべきです。

ケント　そうです。そうしないと日本人は誤解します。

加瀬　私が初めてアメリカに行ったときに驚いたのは、州境に臨時の税関がつくられたことです。私は学生で車を運転していましたが、州境の税関で車のトランクを開けさせられました。たばこやウイスキーなどの持ち込みを、制限していたのです。たばこや酒の税金が州によって異なるから、マフィアが税金の安い州から持ち込んで、高い州で売る密輸をするんですね。

ケント　そうです。私もユタ州の州議会でインターンをやった経験がありますが、そのときに先生から「税収を上げるためにビール税を上げた方がいいのではないか。その点について調べてこい」と言われたものだから、ビール税を管轄《かんかつ》する所に出かけて行ってその話をしたのです。すると、その担当者が「ユタ州は周りの州に比べて、今でもビール税がちょっと高いのに、これ以上、税金を上げるとみんなが他の州から密輸入してしまう。それではかえって税収が下がってしまう」と言うのです。それを先生に話すと、「じゃあビール税を上げるのは止めておこう」と言われましたよ。

加瀬　日本はアメリカと国の成り立ちが違いますから、「憲法は国家権力を制限する」というものではなく、憲法で「国家としての在り方」を示すべきだと思います。

だからアメリカにおける憲法では、「州」の権限を守るために国家権力を制限する、という考え方があるのです。憲法学上の定説はそのような背景から生まれています。

第6章

誇りある憲法を創ろう

日本国憲法によって破壊された「家」

日本国憲法 第二十四条（家庭生活における個人の尊厳、両性の本質的平等）

婚姻《こんいん》は、両性の合意のみに基《もとづ》いて成立し、夫婦が同等の権利を有することを基本として、相互の協力により、維持されなければならない。

配偶者の選択、財産権、相続、住居の選定、離婚並《なら》びに婚姻及《およ》び家族に関するその他の事項に関しては、法律は、個人の尊厳と両性の本質的平等に立脚して、制定されなければならない。

加瀬　いま日本において、親殺しや子殺しなどの事件が頻繁《ひんぱん》に起こって、家庭が崩壊《ほうかい》しているのは憂《うれ》うべきことです。私はこの原因が、憲法にあると思います。

これまで、日本では婚姻《こんいん》は家と家とのつながりのなかで行われましたが、憲法第二十四条によって、「両性の合意のみ」に基《もと》づくことになりました。日本の社会で「個人の尊重」ということが肥大《ひだい》してもてはやされ、誤った個人主義が広がりました。これは大《おお》いに憲法に問題があります。明治に入るまでは「個人」という言葉も、日本語にありませんでした。

個人主義はもとの英語は「individualism（インディビデュアリズム）」ですが、その人しか持っていない才能や能力を通じて社会に貢献するという、よい意味がありますが、なぜか日本では〝利己主義〟という意味になってしまいました。

ケント　「個人」という言葉も明治以降につくられたわけですか。「権利」とか「義務」もそうですよね。

加瀬　大量の明治の翻訳語《ほんやくご》が、日本語の中に定着しています。「個人」も、その一つです。日本では合議制で、リーダーがいなかったから、「指導者」「独裁者」もそうですし、人がネイチャーの上にあって、ネイチャーを支配するとか、人とネイチャーが対立しているという突飛《とっぴ》な発想がなかったから、「自然」という言葉も明治訳語です。

明治に入るまでは「宗教」という、おかしな言葉も存在しませんでした。「宗門《しゅうもん》」「宗旨《しゅうし》」「宗派《しゅうは》」という言葉しかなかったんです。どの信仰も仲良く共存していました。ところが、自宗だけが正しいと称して、他の信仰を排斥《はいせき》するキリスト教が入ってきたので、「religion（レリジョン）」の訳語として「宗教」という言葉が造られました。レリジョンの語源は、ラテン語で「束縛《そくばく》する」を意味する「レリギオ」です。

そういえば「恋愛」も、男女の一人ひとりが〝家族〟から離れて、結びつくものですね。それまでは、今日《こんにち》私たちが恋愛というのは「情痴《じょうち》」といわれていました。「情事」ですね。憲法第二十四条では「婚姻は、両性の合意のみに基づいて成立し」とされていて、日本の家族制度を解体します。それまで結婚は、一時の快楽を求めるものでなく、ファミリー──家を未来へつないでゆく、責任ある行為でした。

ところが、親や家族とまったく関係なく、「両性の合意のみ」──つまりは男女二人の我《わ》が儘《まま》だけで結婚が成り立つというのです。

いま少子化が大きな問題となっていますが、その原因のひとつに家族の崩壊がありま
す。アメリカが日本の力を弱めようとして、家族制度の解体をはかったんですね。

ケント　そうです。個人の権利に違反していると考えたのです。

加瀬　それは、個人の抑圧《よくあつ》というよりも、日本の家族制度によって〝強い日本〟をもたらした「国家主義」が成り立っていると思ったのでしょう。

アメリカ占領軍が、アメリカ軍を手こずらせた日本軍の強さと、日本の国家主義が家族制度の上に成り立っていると信じて、家族制度を破壊するために、憲法に第二十四条という毒を盛り込んだのです。

ケント　だから、何でもかんでも壊《こわ》してしまわなければと思ったのです。

加瀬　アメリカにすれば、奴隷《どれい》制度の一種だと思ったのでしょうね。

ケント　当時はまだ、アメリカ国内はアパルトヘイトでしたから。日本人の、自分たちと違う考え方、自分たちに理解できない考え方は、全部壊《こわ》して構《かま》わないと思っていたのでしょう。日本のことなど考えていなかったんです。本当に傲慢《ごうまん》だったと思います。

二十四条の草案づくりに関わった
ベアテ・シロタの恩知らず

ケント もっとも、この第二十四条については、アメリカでは普通の感覚ですよ。

加瀬 それは、欧米人と日本人の「家」に対する考え方が、異なるからですね。

ユダヤ教の唯《ただ》ひとつの聖書であり、キリスト教にとって神の古い約束である旧約聖書を読むと、男性は成年に達すると「親を捨てて女と結ばれる」と命じていますね。親を捨てて結婚するというんです。聖書の日本語訳では「親元を離れて」と訳してありますが、英語で読むと「捨てる」ということですね。

ケント 「leave（リーブ）」ですから、捨てる……まぁ「離れる」でもいいですが。

加瀬 「離れる」よりは「捨てる」方がより強い言葉です。日本語訳の聖書をつくった人々は、それでは日本人がキリスト教に入信しないと考えて、穏《おだ》やかに誤訳したのですね。(笑)要するに、それまでの親との関係を絶《た》ってということですね。

この条項については、GHQの民政局員だったベアテ・シロタがその草案づくりに携《たずさ》わりました。ベアテの両親はオーストリアの音楽家ですが、ナチスがユダヤ人を迫害《はくがい》して、生命が危《あや》うくなったときに、近衛文麿《このえふみまろ》の弟の秀麿《ひでまろ》が救ったのです。近衛首相の弟は音楽の指揮者でした。ベアテ一家を救って日本に連れてきたのです。このとき、ベアテはまだ子供でした。

その後、ベアテがアメリカの大学に留学したいと言い出しました。ところが、ルーズベルト政権のアメリカは反ユダヤ主義からユダヤ人の入国を許していませんでした。そこで、広田弘毅元首相がジョセフ・グルー駐日大使に頼み込んで、特別にビザを発給してもらい、ベアテは留学することができました。

ところが日米が開戦すると、ベアテは日本語が得意ですから、事もあろうにアメリカを援《たす》けて働くわけです。日本海軍の潜水艦を探知《たんち》する部署で働いて、日本の若者たちを殺すのに手を貸したのです。これほど恩知らずの売女《ばいた》はいませんね。

ユダヤ人虐殺を行ったアウシュビッツ収容所に、ナチスに協力したユダヤ人看守《カポ》がいましたが、ベアテはそういった悪です。

『アンネの日記』のアンネ・フランクの悲劇は、有名ですね。アンネの父フランクは初めはドイツにあったアメリカ大使館、後《のち》に一家とともにオランダに逃《のが》れて、そこのアメリカ大使館に入国ビザを申請するために日参しましたが、門前払いをされました。もし、あのときにアメリカに入国を許されていたとすれば、アンネはいま八十九歳で、アメリカで幸せに暮らしていたことでしょう。

ベアテについて、「自分は日本の虐《しいた》げられた女性たちを救った」と自慢していますが、それはおかしい。当時の日本で男女差別がひどかったと言う人がいるけれど、ベアテのユダヤ教はどうか。ベアテは根性が腐《くさ》っているから、もちろん敬虔《けいけん》なユダヤ教徒であるはずがないですが、シナゴーグ(ユダヤ教会堂)では、男と女は一緒に座れません。月経の女性は、不浄でした。読み書きができたのは男だけで、バル・ミツワーという成人式も近年までは男だけが享受《きょうじゅ》した特権です。ユダヤ教では女性差別がひどかった。

アメリカにおける家族と個人の関わり

加瀬　アメリカは日本と戦ってみて、日本軍の強さに驚いたのです。日本人は国のためになぜここまで身を犠牲《ぎせい》にして戦えるのか。アメリカはその要因が封建制《ほうけんせい》――天皇信仰や家族主義――から、発するものだと信じたのです。野蛮《やばん》で危険だとみたのです。

アメリカはもともと根無《ねな》し草《ぐさ》の移民の国ですから、「家」という概念が日本と大きく異なります。そもそもアメリカは自らの家を捨てて、アメリカ大陸に移民した人たちです。そういうファミリー・システムから切り離された人たちがアメリカに集まっているから、ヨーロッパと違いますね。アメリカに到着した人々は、自分しか頼れなかった。よい意味で自分勝手に生きるほかなかった。

会社の上司が女性に「そろそろ嫁に行け」とか、男性に「身を固めたほうがいい」などと、親切心から世話をすることはありません。もっとも今では日本でも〝パワハラ〟になってしまいますね。

ケント アメリカでは、履歴書に「家族構成」を書くというのは考えられません。

加瀬 日本では家族構成を書くのは、当たり前のことにされていますよね。

ケント 雇用するのに、家族構成と何の関係がありますか？ お父さんがいないとか、兄弟が何人いるかというのは、雇用とはまったく関係がないでしょう。

加瀬 そう言われればそうですが、人はホームレスじゃあるまいし、家族あっての人ですよ。

ケント 出身国を書くことも差別の根拠になる可能性があります。出身大学や学位などは書きますが……。

加瀬 日常的な会話のなかでも、「あなたは何系ですか？」など、出自《しゅつじ》をたずねてはいけないんですね。オバマ時代には先のミスター、ミセス、ミスと呼んではならないというように、性別に触れてもならなかった。

ケント　私は平気で聞きますけどね。日本人の友人がいますが、奥さんはどうやら日本人ではないようでした。それで教会に行った際、「Can I ask by your nationality？（あなたの国籍を聞いてもいいですか？）」と言ったら、「あぁ、いいですよ。私は半分フィリピンです」と答えていました。

加瀬　アメリカでは、それを聞いちゃいけないんでしょう？

ケント　私は悪意があって聞くわけではないですからね。でも、就職の際のインタビューでは聞きません。それに障害があるかどうかも聞いてはいけません。

就職の面接の際、車いすで来たとしましょう。「障害何級ですか」などと聞いてはいけません。聞いてもいいのは、「私たちはこういう仕事を募集していますが、それが出来ますか」という話です。「会社が合理的な対応をした場合なら、その仕事が出来ますか」ということです。その場合の「出来ますか」というのが、すでに法的な意味合いを持った言葉になるのです。

だから、大企業などではそういう人のためにエレベーターを設置したりして対応し、雇《やと》わなければならない。それが合理的な対応ということです。もちろん小規模な会社では対応しなくてもよいことになっています。

加瀬　アメリカでは結婚しているかどうかも、聞いてはいけませんね。

ケント　それはいけません。同性愛の場合だってありますから。

加瀬　そう言えば、知人の渋谷区議によると、東京の渋谷区では平成二十七(二〇一五)年から同性婚ではないけれど、同性パートナーシップ条例というのを設けて、同性同士でも結婚に相当するものとして、公的な証明書を発行するようになった。

ケント　それは夫婦と同じような権利を与えるというのでしょう。相手の年金がもらえるとか、賃貸契約ができるとか、そういう権利ですね。

加瀬　私はその区議に「それは憲法違反ではないか」と、言いました。憲法に「両性の合意」と書いてあるじゃないですか。

そしたら、「これは住民票を出すだけだから〝条例〟でやることで、憲法には抵触しないでしょう」と答えました。

そこで、私は「それでは、イスラム教の信者が『自分には妻が四人いるから、証明書を出してほしい』と申請したら、証明書を出すのですか?」と聞いたら、頭を抱《かか》えてい

ました。（笑）

ケント　モルモン教会というのは、最初はアメリカで「一夫多妻」をしていました。ところが、大変に迫害《はくがい》されて西へ西へと追いやられ、ユタにたどり着きました。

一夫多妻を行っているからという理由で、長い年月、ユタは「州」にできなかったのです。実際には一夫多妻を行っていた男性は、教会員の一・五パーセントぐらいでしたが。それも教会の許可が必要でした。その一夫多妻を行っている男性たちが逮捕されたり、教会の財産を没収されたりして、結局、一八九〇（明治二十三）年に一夫多妻はもう止めますと宣言したのです。その六年後にようやくユタは「州」になりました。

いまの家族の流れを見ていますと、同性愛結婚を認めるように進んでいるわけでしょう。それでは次に何を認めるか、という話になっていきますよ。どんどんエスカレートしていくでしょう。

加瀬　一夫多妻も、表に出てくるでしょうね。

ケント　いや、その裁判はアメリカですでに始まっていますよ。

加瀬　イスラム教徒は四人までいいし、アフリカのボツワナの王様は、百人以上の妻がいます。アフリカでは妻の数に制限がありません。これも文化ですから、もちろん、認めることになりますね。

ケント 日本でも一夫多妻は絶対にだめだと言っていたのに、憲法がつくられて百年も経《た》つ頃《ころ》には、まったく逆になるかもしれません。一夫多妻を禁じることが憲法違反だということになるかもしれません。一夫多妻があるなら、一妻多夫もあるかも。

加瀬 チベットが一妻多夫制ですね。

ケント だから、そんなことを認めていると、どこまで行くのかという感じがします。

加瀬 伝統文化を壊したら、先人たちから受け継いできた道徳の形が破壊されて、社会は秩序を失ってしまいます。

先祖を大切にする心

ケント　家とのつながりということでは、アメリカでも、先祖に対する感謝の思いなどは強くあります。

メモリアルデーがそうです。五月の最後の月曜日はメモリアルデー（戦没将兵追悼記念日）といって、もともとは軍人の戦没者を慰霊《いれい》する日でしたが、いまでは軍人に限らず墓参りをする日になっています。私の妻は、親、祖父、祖母、その前の代の先祖も同じ墓地に入っていますので、毎年その日に墓石をきれいに掃除して、花をささげて供養しています。父方、母方と両方の先祖がいるわけですから、そのお墓参りはします。私の両親と兄弟六人のお墓も同じ墓地にそろっています。

加瀬　日本と違って、「○○家」の墓がありませんね。

ケント　それはありません。土葬ですから。

加瀬　アメリカ人は出自《しゅつじ》によって違いはありますが、イギリス系やドイツ系、イタリア系など、私が親しくしている人たちは、自分の曾祖父母《そうそふぼ》や奥さんの曾祖父母が誰《だれ》であるか、その前の先祖が誰であるか、よく知っていますね。日本人になると、そこまで知りませんね。ほとんどの人がせいぜい祖父母の名ぐらいしか、知らない。明治までは戸籍を調べれば分かりますから、ぜひそうすることをすすめたいですね。

ケント　アメリカではそうした情報が公開されているからです。情報はデジタル化もされています。日本では情報がないわけではありませんが、公開はされていません。同和問題があるから。

加瀬　それでも、ほとんどの日本人は祖父母くらいまでは知っているとしても、それ以前の曾祖父母になると関心がないですね。

ケント　私の場合は、一四〇〇年代まで遡《さかのぼ》って分かっています。父方も母方も両方です。

加瀬　アメリカはもともとヨーロッパから出てきたのですが、欧米人は古いものをとても大切にしますね。たとえば家具なども、アンティークもので百年以上使っている家具は珍《めず》しくありません。

日本の場合は、よほど田舎《いなか》へ行かない限り、東京で一五〇年、二〇〇年といった家具を使っている人はいません。新しい安物の家具ばかりですね。これでは人間までが使い捨てになってしまいますよ。

着る服でも、アメリカでは祖父が着ていたジャケットをところどころ繕《つくろ》って、普段大切に着ていたりしていますね。ところが、日本で祖父が着ていた服を着ている人はほとんどいません。女性の和服は例外かもしれませんがね。

ケント　住宅でもそうです。アメリカでは、私が一歳半から住んできた歴代の家は、今でもすべて存続しています。ところが十九歳から日本で暮らした家は、福岡でも、佐世保でも、北九州でも、東京の杉並にいた家も、前に住んでいた目黒の家も取《と》り壊《こわ》されて別の家になっています。沖縄で暮らした家は一応《いちおう》はありますが、あれは米軍基地の中だからアメリカです。日本で暮らしていた所はすべて取り壊されているわけです。でも、アメリカの家はすべて残っていますよ。

加瀬　日本だって、百年、二百年以上たっている古民家もありますが……。先祖を大切にする心は、日本人も古来から強く持っていましたが、改めて日本人はその大切さに気づかなければいけないですね。人は伝統と現代が交わるところで、生きなければなりません。伝統霊《でんとうれい》と現代霊《げんだいれい》が交わるところと、いってよいでしょう。伝統霊を失ったら、根がなくなって、糸が切れた凧《たこ》のようになる。若いのに記憶を失った徘徊老人《はいかいろうじん》のように、あてどもなく彷徨《さまよ》うことになってしまいます。

「幸福を追求する権利」について

日本国憲法 第十三条（個人の尊重、幸福追求権および公共の福祉）

すべて国民は、個人として尊重される。生命、自由及《およ》び幸福追求に対する国民の権利については、公共の福祉に反しない限り、立法その他の国政の上で、最大の尊重を必要とする。

加瀬　憲法第十三条には、いわゆる幸福を追求する権利がありますが、憲法にそういう文言を入れるのはおかしなことです。

古来、日本人は人と人との絆《きずな》のなかで生きてきましたから、一人の孤立した人間として自分を意識することがありませんでした。「人間の尊重」という言葉でいいと思うのです。

「幸福追求権」にいたっては、不平不満をあおって、かえって人を不仕合《ふしあわ》せにします。憲法にうたうのは、おぞましいと思っています。私は〝幸福を追求する罪〟というものがあると信じています。幸せは努力した結果としてもたらされるもので、幸福になる権利などがあってはなりません。幸福を追求する権利は、法律に馴染《なじ》まない。

ケント 幸福追求権の解釈としては、基本的には「財産権」のことです。それはアメリカの独立宣言に入っています。「Life, Liberty and the pursuit of Happiness（生命、自由、および幸福の追求）」を含む不可侵の権利です。生存権や自由と共に認められるものです。自由というのは政治的自由という意味です。しかし、幸福を追求する権利というのは、一般的には財産権と解釈されます。

加瀬 そうすると、幸福を追求する権利というのは意味がありませんね。独立宣言でも、財産権という考え方なのですか。

ケント　そうだと思います。要は、個人の財産を持つということなのです。私有財産を守るという意味です。幸福を追求する権利があるから、共産主義がだめだということにもなるのです。共産主義は、その権利に違反しています。なぜなら共産主義は私有財産を認めないからです。

加瀬　アメリカでは財産権と認識しているのでしょうね。ただし、日本語で「幸福を追求する権利」と言うと、われわれ日本人にはさっぱり意味が分かりません。人を束縛《そくばく》して幸福を奪《うば》ってはいけないという意味かなと思っていましたが、この幸福を追求する権利が、アメリカの独立宣言でもともと財産権を意味していたことを初めて知りました。日本人は物質と幸せを、同一視しませんからね。

「平等」をはき違え、「義務」を忘れた日本人

ケント　アメリカの独立宣言には、ほかにも「平等」が書いてあります。平等という考え方は、「結果の平等」ではなく「機会の平等」という意味です。

加瀬　とくに日教組の教師がたは、この「平等」についてはき違えています。小学校での徒競走で「一等」「二等」をつけてはいけないと言って、みんなで手をつないでゴールインするといった話がありました。こういうことが「平等」だと考えているのですね。そして、怠《なま》けている教員も、一所懸命に働いている教員も、平等に同じ給料を貰《もら》うべきだというんですね。私たちが悪平等だと思っても、善平等《ぜんびょうどう》、正義だと信じているから、社会が崩壊《ほうかい》することになる。

ケント　そんなのは「平等」でも何でもありませんよ。それは「結果の平等」を求めているのであって、本当の意味での「平等」とは言えません。

「結果の平等」を求めるのであれば、それは足の速い子供が輝くという「自由」を奪《うば》っているといえるのです。「平等」というのは、才能をできるだけ伸ばしてあげる機会をつくるという意味での「機会の平等」なのです。

こうした「平等」のはき違えは、戦後の日本人によく見られるものでしょうが、その思想には共産主義が窺《うかが》えます。共産主義は「平等」という言葉をすぐ持ち上げるのです。

ところが、私たちアメリカ人が言っている「平等」は、共産主義の「平等」とはまったく逆であって、みんなが〝同じになる〟必要などはありません。

加瀬　日本の「自由」という言葉も明治以降にできた言葉ですが、意味は違うんですが、仏教用語に由来しています。仏教では束縛《そくばく》がまったくないという意味です。本来の「freedom（フリーダム）」や「liberty（リバティ）」は、暴走族が好き勝手に街を荒《あ》らしまわるのではなく、さまざまな「制約」があって初めて成り立つものでしょう。

ケント　その通りです。だから、「自由」とセットで必ずついてくるのが「義務」であるわけです。
個人主義と言っても、もちろん個人の自由はありますが、それに伴う「義務」があるということを日本人は忘れてしまうのです。
たとえば、「九条の会」が「徴兵制度になったら困る」と言いますね。徴兵制度になるかどうかというのは国の状況によるのですが……。徴兵制度になった場合、自分がそれに応じなければならないというのは、市民権として保障される自由には必ず付いている義務なのです。アメリカは、ベトナム戦争のときに徴兵制度を行っていましたが、徴兵制度に反発した人は国外に逃げるしかありませんでした。

加瀬　当時はカナダをはじめ、ずいぶん国外に逃亡した者がいましたね。

ケント　ほとんどはカナダに行きました。ところが、あのときにカナダに逃げた人たちはアメリカに帰ってくることができません。それは本当に「売国奴《ばいこくど》」なのですから。
ベトナム戦争当時、実は私も徴兵されるはずでした。徴兵の登録はもちろん済ませていました。しかし、大学に通っていて先送りされている間に戦争が終わってしまったのです。だから戦争に行かなくて済みました。私自身は、ベトナムに派兵されてジャングルで戦っているイメージはまったく浮かびませんが、もし行かなければならない状況になれば拒否はしません。それが国民の義務だからです。それは、自由を守るための義務なのです。そして、それは全国民が平等に負っている義務と言えるのです。

だから、「九条の会」が若いママたちを集めて、「あなたのかわいい子供さんが徴兵されるかもしれませんよ」などと言って反対しているのは売国行為です。到底《とうてい》信じられません。

「市民」という言葉の〝誤魔化《ごまか》し〟

加瀬　私は一度、日本国憲法の全文の中で、明治以降につくられた翻訳語《ほんやくご》がいったいいくつあるのか調べてみたいと思っています。

ケント　それはおもしろいと思いますよ。

加瀬　翻訳語は日本語を装《よそお》った外国語で、借《か》り物《もの》ですから、心の近くに存在していないのです。たとえば「社会」という言葉ですが、私はいまもって「市民」とか「社会」という言葉の意味がよく分かりません。日本社会党がなぜあんなに短命で、だめになってしまったかと言えば、「社会」とか「市民」といった、意味がなく、分かりにくい言葉を振りまわしていたからです。日本人にとっては、「世間《せけん》」の方が分かりやすい。日本語には

「世間に申しわけない」「世間のおかげ」「世間の風が冷たい」といった、多くの言葉があります。しかし、「社会の風が冷たい」「社会のおかげを被《こうむ》っている」とは言いませんよ。

同様に、消化不良の言葉が日本国憲法にたくさん出てくるのです。これは性急な文明開化の宿命なのかも知れません。いま、ケントさんが「幸福を追求する」とか「自由と義務」について話しているのを聞いて、そういうことかと納得しました。

日本国憲法には、「義務」という言葉がほとんど書かれていませんね。アメリカ占領軍が日本人を無責任にし、骨抜きにしようとはかったからです。

ケント　「義務」は「自由」にはつきものです。憲法に書かれていなくても、国家と個人との結びつきというものはアメリカ人なら分かっていますよ。

加瀬　ここで問題は、われわれ日本人が「個人」についてよく分かっていないことです。左翼がよく使う「市民」というのも、誰《だれ》にもよく分からない言葉です。たとえば「鎌倉市民」というような使い方だったら、分かりますよ。

「市民」というと、こんなことを思い出しました。霞ヶ関ビルの三十五階に、東海大学のクラブである校友会館があります。東海大学は旧社会党系の大学ですね。ここで革新というか左の大物のために、毎年二百人ぐらい集まって忘年会を催《もよお》していました。私は参議院議長をした江田五月《えださつき》さんと親しいんですが、いつもこの会で江田さんが最初の挨《あい》拶《さつ》をして、私がそのあとの乾杯の発声をしていました。ある時、江田さんと私は同じテーブルなので、私が「先ほどから先生は『市民、市民』とおっしゃっていましたが、私は東京都民です。『市民』の中には入らないのでしょうか」とからかったら、「そんな意地悪を言わないでくださいよ」と苦笑いしていました。

結局は、「国民」と言いたくないから「市民」というわけです。「地球市民」なんていう言葉も意味がありません。どこにも属していない浮浪者《ふろうしゃ》ですね。住所不定の人ですね。

ケント　地球市民？「citizen of the world（シチズン・オブ・ザ・ワールド）」と言うの？何を言っているの？「ワールド」なんか「シチズン」になるような政治団体ではないでしょう。それは左翼活動家が使う〝誤魔化《ごまか》し〟の言葉ですよ。

加瀬　「宇宙国」か何かがあって、「地球市」とか「火星市」などがあれば分かるけれども、「地球市民」はよく分からない言葉ですね。そういうような分からない言葉が氾《はん》濫《らん》していますが、日本国憲法も同じです。

国旗・国歌の反対を押し付けるのは、自由のはき違え

加瀬　日本では、特に日教組などが「国歌斉唱のときに起立しなくてもいい。これも自由だ」「国旗日の丸を認めない。これも自由だ」と主張しますが、自由のはき違えですね。

ケント　いまアメリカで問題になっているのは、ＮＦＬ（ナショナル・フットボール・リーグ）でのことです。あるＮＦＬの選手が、白人に対する差別への抗議として、国歌斉唱のときに立たずにひざまずいて頭を下げるのです。それを観《み》ているほとんどの人はすごく怒《おこ》りました。

それに端《たん》を発《はっ》して、今度は違うパフォーマンスをする人が出てきたのです。要は、国歌斉唱を機にして、いろいろな抗議デモを行うわけです。たとえばセクハラに対する抗

議として別のサインをするといった具合です。おかげでＮＦＬの観客数はものすごく減ってしまいました。

加瀬　そのことが、最近問題になりましたね。

ケント　これを解決する方法は簡単です。それは、国歌斉唱のときに起立しないのだったら競技場の外にいて、国歌斉唱の後から入場しなさいというチームのルールをつくればいいわけです。

国歌斉唱というのは一つの行事です。それに参加しない選手たちというのはＮＦＬという団体の演出上から言っても良くありません。それは愛国心云々《うんぬん》という以前の話です。観客の皆さんの気持ちを気まずくするものだからです。営業妨害行為です。

日本でもそうしたルールづくりをしないというのは、要はリベラルのクレーマーに対して弱いということです。私はそれではだめだと思います。

加瀬　この十五年か二十年、日の丸に反対する人はあまりいなくなりました。反対者が多かった時代には、私が日の丸反対の人がいる会合で講演する際には、「日の丸に反対するのは、皆さんの自由です。それだったら、まず日の丸の代わりに『こういうデザインにしましょう』という図柄を持ってきて、反対してください」と訴えました。
どんなデザインを持ってきても、日本人の眼に日の丸以上に素晴らしい旗は出来ないはずです。だから、「代わりのデザインを持ってこれないのであれば、反対するのをやめてほしい。日本に国旗があることに反対するのは、日本が国家であることに反対することになりますよ」と説きました。

ケント　国旗に反対する気持ちをもつのは構《かま》いませんが、その気持ちを他人に〝押し付け〟ようとする必要はありません。日教組の教師たちは、国旗反対を子供に押し付けようとするわけです。教師自身がそういう考えを持つのはいいけれど、それを子供たちに教えることは良くありません。

加瀬　それでも、日本が国旗を持つことに反対するというのは、「国」であることに反対しているわけだから、これこそ「亡国」というものです。
国旗について思い出したことがあります。私がアメリカに留学したときに、びっくりしたことがありました。大学のクラスメートが、「いまの日本の旗で寂しくないか」とたずねるのです。最初は意味が分かりませんでした。軍艦旗や、朝日新聞社の社旗の旭《きょく》日旗《じつき》がありますね。アメリカでは戦時中に、あの旭日旗を〝オクトパス（タコ）の旗〟だと宣伝していたそうです。するとアメリカで戦時中のポスターを見ると、旭日旗は、日本帝国主義が醜《みにく》いタコで、全世界にその触手を伸ばしている絵柄だとしていたのです。旭日旗は、タコをデザインにしたものと誤解したんですね。

それで、マッカーサーが戦争に勝って、そのタコの足を全部切ってしまった。それが、いまの日本の国旗になっていると信じて、同情してくれたんです。（笑）

ケント　オクトパスの足が切られて、いまの日本の国旗に……。

加瀬　イタリア人やギリシャ人などを除《のぞ》けば、タコは悪魔の生物だからといって食べませんね。日本も同じように悪魔だと思っていたということです。そういえば、朝日新聞社も社内では、社旗を「軍艦旗」と呼んで、誇りにしていますよ。

憲法改正条項について

日本国憲法　第九十六条（憲法の改正）

この憲法の改正は、各議院の総議員の三分の二以上の賛成で、国会が、これを発議し、国民に提案してその承認を経《へ》なければならない。この承認には、特別の国民投票又《また》は国会の定める選挙の際行われる投票において、その過半数の賛成を必要とする。

憲法改正について前項の承認を経たときは、天皇は、国民の名で、この憲法と一体を成すものとして、直《ただ》ちにこれを公布する。

ケント　憲法改正の規定は九十六条にありますが、いまの憲法は改正すべきですが、条文としては必ずしも簡単に改正できればいいという話ではありませんね。

加瀬　ほかの国々ではこれほど規定が厳しくありませんが、アメリカも厳しいですね。

ケント　かなり厳しいです。憲法改正には四つの方法があります。最もよく使われる方法は、国会議員の三分の二以上と、三分の二以上の州議会の議決が必要です。この三分の二以上の州議会を通すのが、結構大変なのです。それ以外にも三つの方法があります。ですから、アメリカの憲法改正が二十数回あったと言いますけれども、結局、最初の一条から十条までは「権利章典」なのです。その改正が、実質的な憲法の一部になるわけです。

その後は、たとえば所得税を認めるとか、上院議員は州議会が決めるのではなく州民投票で決めるとか、割合に手続き的なものが多いのです。その他は奴隷解放《どれいかいほう》と平等、女性参政権などです。

加瀬　アメリカの場合にもっとややこしいのは、州ごとにその州の憲法がありますからね。私は民主党の大統領候補を選ぶシカゴ党大会に招かれたことがありますが、州の代議員がつぎつぎ立ち上がるたびに、「Representing the Sovereign State of……（主権国家である○○州を代表して）」と言うのに、強い印象をおぼえました。

ケント　考え方として、あくまで主権は州にあって、その一部を連邦に委託しているだけです。合衆国というのは連邦制ですから。

加瀬　州ごとに軍隊も持っているでしょう。

ケント　州兵です。それはたとえば州の中で暴動が起きた場合に鎮圧《ちんあつ》したり、災害が起こったときに出動するのです。

加瀬　州兵同士が戦ったということはありますか。

ケント　それはありません。警察との役割分担もできています。警察などは自治体単位なのです。市や村などでみんな独立しているわけです。ところが最近では、警察というのはすごくハイテクになったりしてお金がかかりますから、いくつかの自治体が合同して「Unified Police（統一された警察）」をつくっている所もあります。

外国には通用しない、独《ひと》りよがりの日本語

日本国憲法　第六十六条（内閣の組織、内閣総理大臣および国務大臣の資格、内閣と国会の関係）

内閣は、法律の定めるところにより、その首長たる内閣総理大臣及《およ》びその他の国務大臣でこれを組織する。

内閣総理大臣その他の国務大臣は、文民でなければならない。

内閣は、行政権の行使について、国会に対し連帯して責任を負ふ。

ケント　憲法六十六条の中には「内閣総理大臣その他の国務大臣は、文民でなければならない」と規定されていますが、この「文民」という言葉もおかしいですね。「文民」というのは「軍人がいる」ことが前提になっている言葉です。「自衛隊は文民ですか?」と聞くと、「いやそれは違う」と答えるでしょう。では軍人はいないわけですから、自衛隊は「何民」になるのですか。

加瀬　もともと「文民」という言葉は、昭和二十年代に造られた日本語です。だから、昭和訳語というか敗戦語です。現役の自衛官は「文民」でないとすると、まして「軍人」ではないわけですから、何なのでしょう。

ケント　「地球民」かもしれない。(笑) 文民は「civilian（シビリアン）」ですが、その反対語は「military（ミリタリー。軍人）」です。これははっきりしています。

加瀬　日本は「ミリタリー」を認めていません。全員が「シビリアン」であるはずなのに、憲法に「文民」という言葉が出てくること自体が、矛盾《むじゅん》しています。

ケント　憲法を書いている時点で、すでにのちのち改正されると思っていたわけでしょう。だからそんなに厳密《げんみつ》に考えていないのです。

加瀬　自衛隊を軍隊だと規定したくない人は、日本が国家であってはいけないと思っているんです。国旗と同じ話ですね。

ケント　先日、日本がアメリカの五十一番目の州になればいいと思っているわけでしょう。

先日、テレビ朝日の「朝まで生テレビ！」という番組を観ていましたら、ウーマン村本という戦後自虐史観の塊《かたまり》のような芸人が出演していて、日本が他国から侵略されたら、白旗を揚げる、ギブアップした方がいいと言っていました。もうここまでくると、完全に危機感というものがありません。

加瀬　そうした思考をする日本人がいるのは、日本国内が平和すぎることに基因《きいん》していると思いますね。犯罪は少ないし、女性が夜道を歩いても安全です。だから危機感を覚えることがほとんどないのです。世界にこんなに安全な国は珍《めずら》しい。

ケント　その番組の中で、村本氏の隣に座っていた人が村本氏に「自分の家に泥棒《どろぼう》が入ったら、それを認めるのか」というような質問をしても、彼は答えなかったですね。

加瀬　国家が侵略されたら、逃げればいいという発想でしょうが、いったいどこへ逃げるのでしょうね。それに、護憲派の人たちは「専守防衛」と言うでしょう。立憲民主党の皆さんも「専守防衛」だと言って囃《はや》し立てて騒《さわ》いでいますが……。

ケント　「専守防衛」というのは、普通の国民は意味が分かりますか？

加瀬　〝本土決戦〟を言い換えたものですが、よく分かっていないでしょう。それに、この言葉は英語にならないでしょう。

ケント　「何なの、それ？」となりますよ。

加瀬　英語にならない日本語というのは多いのです。つまり、日本人の間だけでしか通じないんですよ。

さすがに最近は言う人がいなくなりましたが、たとえば衆議院議員の小沢一郎先生が「国連中心主義」という言葉を、よく使われておいででした。だが、国連は中心がない集まりですから、まったく中心がありません。拒否権をもっている五大国の意見が一致しなければ、何一つ出来ないのです。私は国連のことをよくスロットマシーンにたとえますけれど、五つの絵が揃《そろ》わないと何一つ出てこないのと同じで、スロットマシーンの五つの絵がすべて揃うことはめったにありません。

ケント　国連に中心がないというのはその通りです。ドーナツみたいなものです。

加瀬　だから、中心がない国連を中心にしようという主義自体が、狂《くる》った話です。

それから自衛隊の英語訳は「Self-Defense Forces（セルフ・ディフェンス・フォーシズ）」となっています。軍事用語で言うと「セルフ・ディフェンス」は、軍が軍の基地か、駐屯地を守ることを意味しています。「国を守る」ことを「セルフ・ディフェンス」とは言いません。単に「自分の部隊を守る」という意味にすぎません。

私は以前、アメリカの国防省の人から「日本の自衛隊は自分の基地しか守らず、国は守らないのか」と聞かれたことがありました。

ケント　国民も守らないということですね。

加瀬　「自衛隊」という言葉をそのまま直訳したから、まったく意味が分からない言葉になってしまった。同じように「専守防衛」を、英語でどのように伝えているのでしょうか。

ケント　意味が分からないですよ。だから私はそういう議論があっても参加しません。

加瀬　英語にも、ドイツ語、フランス語、何語にもとうていならない言葉です。つまりは、日本以外の国々に説明することができない。意味不明です。「専守防衛」とは、自分の領土に攻め込まれたときに、国土内だけで戦うということでしょう。つまり「本土決戦」です。だから私は、「専守防衛」を主張する人には、「『専守防衛』では分かりにくいから『本土決戦』と言ってください」とお願いしています。

ケント　竹田恒泰《たけだつねやす》さんがとてもおもしろいことを言っていました。相手国が攻めてきたときに、自分の国を防衛するのは〝安上がり〟だと皆さんは思っているでしょうけれど、攻められているときに初めて防衛しようとすれば莫大《ばくだい》な費用がかかるというのです。その攻撃に対応できるだけの防衛施設、防衛体制をつくるとなれば、すごくお金がかかるのだそうです。

加瀬　そもそも、その頃《ころ》にはさんざん国土が爆撃されたり砲撃されて、人命も、ペットの犬も猫も、ハムスターも、あらゆるものが失われていますよ。

ケント　だから、そうならないために未然に充分な軍備を備える方がよっぽど費用がかからないのです。

それと同じで、皆さんが大きな勘違いをしていることがあります。それは、憲法を改正したら軍事費が上がると思っていることです。それは軍事費が上がるでしょうが、「憲法改正したために」上がるのではなく、もともと使うべきだったお金を使わず、アメリカに頼ってきた費用です。アメリカに頼りすぎていることを止めるから、本来使うべき費用を使うというだけの話です。それは憲法改正とは因果関係がないことに気づいていないのです。

加瀬 アメリカは、フィリピンを植民地にしているときに、フィリピン憲法をつくったのですが、いまの日本国憲法によく似ています。アメリカ軍が槍《やり》で外敵を攻撃する、フィリピンの補助部隊は――当時は土民軍《どみんぐん》と言われていましたが――外国軍がフィリピンに上陸したら、アメリカ軍を助けて戦うというものでした。

それと同様に、今日《こんにち》に至るまで日本ではアメリカ軍が槍《やり》で、自衛隊は盾《たて》だと政府によって位置づけられています。

私は航空自衛隊のある幹部をからかって、「自衛隊は土民軍ですよ」と言ったら、次に自己紹介をするときに「加瀬先生が言われる通り、私は土民軍司令であります」とおっしゃいました。(笑)

尖閣諸島《せんかくしょとう》について奪還作戦を計画しているかもしれませんが、未然に防ぐという発想がありません。島に何も配備していませんから、中国に盗《と》られることを前提にしていると言っていい。

ケント　尖閣諸島に基地をつくればいいだけですよ。

加瀬　陸上自衛隊の一個中隊でよい。海上保安庁の職員も置けないようでは、領土主張に自信がないように、諸外国に映りますね。一度奪《うば》われた領土を奪い返すのは、大変なことです。竹島がそうでしょう。そういう意味では、日本人は歴史から何も学んでいないのです。

中国や朝鮮の呼称にみえる日本人の卑屈《ひくつ》

加瀬　一九七二（昭和四十七）年に中国との国交正常化を行った際、私は『文藝春秋』に中国は中華思想だから、あのような国と友好などはあり得ないということを書きました。ところが多くの人々が、「日中友好」に酔《よ》い痴《し》れていました。いま、日本は悪酔《わるよ》いしています。

最近まで、新聞やテレビも「中国を刺激してはいけない」と主張してきましたし、金正日が拉致《らち》を認めて拉致された日本人五人が帰ってくるまで、「北朝鮮」という言葉を使ってはいけませんでした。「ジュゲムジュゲム」のように「朝鮮民主主義人民共和国」と正式名称によって呼ばなければなりませんでした。なぜ、北朝鮮だけ正式な国名を使わなければいけなかったのですか。それならイギリスは「グレート・ブリテン及《およ》び北部アイルランド連合王国」と呼ばなければいけません。

ケント　アメリカは、アメリカ合衆国ね。

加瀬　なぜ北朝鮮だけ、「寿限無《じゅげむ》」の噺《はなし》のように、正式な国名で言わなければいけないのでしょうか。ばかばかしい話ですが、当時はそれが良識でした。そのくせ韓国のことは「大韓民国」と呼ばなかったんです。一部の保守派の中には、「朝鮮半島」と呼ぶのは失礼だといって「韓《かん》半島」と呼んでいました。韓国ロビーの人たちですね。

ケント　中国人を「支那人《しなじん》」と呼んでもだめでしょう。

加瀬　「China」は英語だと「チャイナ」でしょう。イタリア語では「チナ」です。フランス語では「シーヌ」でしょう。それなら、南シナ海と東シナ海もだめなはずでしょう。「中国」というのは、孫文《そんぶん》の辛亥革命《しんがいかくめい》までなかった呼称です。辛亥革命が成就して、「中華民国」という名称になりました。それで孫文が「これからは国際会議などで、短く呼ぶにはどうしようか」となって、中国帝国の古い呼び名の「夏《か》」にしようという有力な声もあったが、「中国」が採用されたのです。あのとき、日本政府は抗議するべきでした。「中国地方」の方がよっぽど古くから使われてきたんですからね。

今こそ憲法改正を実現するとき！

ケント　とにかく憲法改正を早く実現してもらいたいというのが私の思いです。

加瀬　どの箇所でもいいから、憲法を手直しすることが大切だと思います。前文を書き換えるのでもいいし、文法を正した日本語にするだけでもいい。一度、どこかを直すことができれば、その次にまた直しましょうということになると思います。

ケント　護憲派の中には、「安倍政権下での改憲は反対だ」という人がいます。立憲民主党の枝野さんなど、旧民主党の人はみんなそうです。では、安倍政権でなければ改憲に賛成なのかといったらそうではないわけでしょう。

加瀬　日本ではかなりのインテリでも、憲法や政治に関心のない人が多いのです。困ったものです。この間、五十代半ばの弁護士が――この人は東京大学出身ですが――「私はノンポリだ」と、平気で言っていましたから。

ヨーロッパやアメリカの人との根本的な違いは、日本国民の多くが政治は国民のものではないと考えていることです。江戸時代の庶民と同じ感覚です。江戸時代は武士だけが政治に対して責任をもっており、庶民は「御政道《ごせいどう》」といって、自分たちとは関わりがない、傍観者だと思っていたのです。

アメリカやヨーロッパでは、知識人で政治に関心がない人はいません。ところが日本には無責任な人々が、かなり存在しています。

私は日本国憲法が、アメリカ占領下で日本に強制された、「憲法」を装《よそお》った「不平等条約」だと思っています。ドイツが第一次世界大戦に敗れたとき、戦勝国がドイツに過《か》酷《こく》なベルサイユ講和条約を押し付けたのですが、日本国憲法はベルサイユ講和条約よりも過酷な不平等条約です。

それを、日本が七十年間以上たっても改めていないというのは、日本に国としての資格があるかどうか、疑わしいと思います。「憲法」を装った「不平等条約」だと考えると最も分かりやすいと思います。日本を一人前の国家でなくしている「不平等条約」です。

今年は、明治維新百五十周年にあたります。政府が記念祝典を開くことになっています。私にとって感慨深《かんがいぶか》いものがあります。百周年のときには、祝おうという気運はまったくなかった。

明治初年の日本政府と国民の悲願が、西洋の列強が幕末の日本に強要した、一連の不平等条約を改正することでした。明治維新の百五十周年を、ようやく政府と民間が一体になって祝えるようになったから、明治維新の先人たちの気概《きがい》を学んで、ぜひ不平等条約である日本国憲法を改正したいですね。

ケント　日本国憲法が不平等条約であるというのは、まさに加瀬先生のおっしゃる通りです。世界中で日本だけが、「軍隊を持ってはならない」という憲法を無理やり押し付けられたわけですからね。

憲法九条は、強すぎる日本から軍隊という男性器を去勢《きょせい》する「宮刑《きゅうけい》」でした。当然、侮辱《ぶじょく》の意味が込められていたわけです。だからこそ中国や北朝鮮、あるいは韓国などの反日国家は、日本を「男性器を奪《うば》われたまま七十年間も文句すら言えない国」として、完全に舐《な》めているわけです。もちろん、昔のような軍事強国として日本に復活されたら、アジアの絶対的な覇権国《はけんこく》になり、領土を拡大する野望は絶対に叶《かな》わないと彼らも知っています。だからこそ政財界や官公庁、教育界、メディアなどに潜《もぐ》り込《こ》ませた工作員をフルに動員し、今まさに「安倍政権倒閣」という手段で、日本の憲法改正を阻止《そし》しようと試みています。つまり、憲法九条改正は日本国の将来の存続を左右する大問題なのです。

ところが、今の日本人のほとんどは生まれたときに九条がありました。だから、そんなものかと思って、深く考えていないと思うのです。この九条はとても異常であって、日本をかなり危険な状態に陥《おとしい》れているわけです。

私は「危ないぞ！　日本」ということをテーマに憲法改正の動きを活発に展開していきたいと思っています。

日本国憲法が非論理的であるとか、そういうのも勿論《もちろん》ですが、何より「不戦主義」というのは国の存続を脅《おびや》かす危険性を多く持っています。自国の安全が、完全に人任《ひとまか》せになっているのですから。性善説で相手の国々がすべて良い人たちであればいいですが、残念ながら日本の周辺国はいい人たちばかりではありません。

九条があるということは、とても危険な状態なのです。日本の存続自体が危ないのです。そのことをぜひ理解してもらいたい。それを直すのは、やはり九条を改正するしかない。九条がある限り、日本は自国の軍隊だけでは国を守れず、アメリカへの依存を解消できません。

しかし、いつまでもアメリカに依存できると思ったら大間違いです。日本と同様、アメリカ国内でも中国共産党の工作活動は常に行われています。日本は約八十年前、一度アメリカに見捨てられた経験があります。その背景には、中国国民党による日米離反工作がありました。将来的に日本がもう一度アメリカに見捨てられたら、今度は中国の属国に身を落とす結果になるでしょう。それが嫌《いや》であれば、日本はアメリカと対等に近い同盟国を目指す必要があります。日本は今、それほどの瀬戸際《せとぎわ》にあります。九条を改正して初めて「占領」が終わり、日本はアメリカと「対等」な関係を目指せるのです。

加瀬　私は武道を嗜《たしな》んできましたが、嗜むというのは、打ち込む、精《せい》をだすという意味ですね。

武道では、武道が「心、姿勢、技《わざ》」の三つから、成り立っているといわれます。これは、私の人生の指針となってきました。

三つのなかで、まず「心」が何よりも大切です。次に、「姿勢」を正すことが求められ、そのうえで「技」を磨《みが》くことが、要求されます。「技」よりも、「心」と「姿勢」が、大事です。武道は、生き死にを賭《か》けて、戦うものです。「心」「姿勢」「技」の三つに、人生を生きる道の真実が、結晶しているといってよいでしょう。

私たちの日常生活においても、毎日生きるのに当たって、「心」「姿勢」「技」の三つが、その順番で必要とされます。

第二次世界大戦で、フランスは第一次大戦がもたらした惨禍《さんか》のために、国民が厭戦気《えんせんき》分《ぶん》に犯《おか》されて、平和主義によって支配されてしまった結果、国防を疎《おろそ》かにした報《むく》いとして、あっという間に、ヒトラーのナチス・ドイツに屈服《くっぷく》して、占領されてしまいました。

亡命政権を率いて、フランスを解放したのが、〝フランスの英雄〟となった、シャルル・ドゴール将軍でした。ドゴールは戦後のフランスの初代の大統領として選出されましたが、「国家にとって、姿勢が何よりも大切である」という、有名な警句《けいく》を遺《のこ》しています。政策よりも、まず姿勢が問われるのだ、という言葉ですね。

ドゴールは戦後のフランスを建て直しましたが、烈々《れつれつ》たる愛国者として知られました。愛国心が、「心」です。そこから、正しい「姿勢」が生まれる。政策は、「技」なのですね。

憲法は、一国の「心」です。国家、民族が長い歴史を通じて培《つちか》ってきた伝統と精神が、「心」です。国家にとって最高の文章である憲法には、心がこもっていなければなりません。

ここから、正しい「姿勢」がもたらされます。そのうえで、一つひとつの場面にもっとも適した技が、生まれます。

ところが、日本国憲法には、「心」が欠けていますから、虚《うつ》ろな抜《ぬ》け殻《がら》でしかありません。アメリカの日本に対する復讐心《ふくしゅうしん》が、つくったものです。そのために、猛毒をはらんでいます。

日本は一日も早く、自分の手で定めた憲法をいただくことによって、国の「心」を取り戻さねばなりません。それでなければ、やがて日本という国が消滅してしまいます。

あとがき

読者諸賢に、たずねたい。

いったい、日本国憲法は日本国よりも上にあって、日本国よりも尊いのだろうか？

来年――平成三十一年四月三十日に、天皇陛下が退位されて、第百二十六代の天皇が即位されることによって、新しい御代《みよ》が明ける。

今上陛下《きんじょうへいか》が譲位《じょうい》され、新帝が践祚《せんそ》（皇嗣《こうし》が天皇の御位《みくらい》を承《う》け継《つ》ぐ）されるのに当たって、当然のことであるが、一連の皇統継承の祭儀が、執り行われる。

神道《しんとう》は、皇室の本質である。ところが、これらの祭祀《さいし》は皇統の継承が、それなしに成り立たないのにもかかわらず、日本国憲法が定める「政教分離原則」に従って、天皇家の〝私事〟とみなされているために、国事として催《もよお》されずに、「私的な皇室行事」として行われる。

新天皇の誕生に当たって、天皇が行われる最初の新嘗祭《にいなめさい》である大嘗祭《だいじょうさい》が、もっとも重要な祭祀《さいし》となっている。

ところが、この大嘗祭も、日本が誕生して以来、天皇の御即位に当たって、これまで長いあいだにわたって、繰り返し催されてきたというのに、「政教分離原則」によって、皇室の〝私事〟として、扱《あつか》われることになっている。

天皇が行われる祭儀は、そのような軽いものではあるまい。

天皇こそ、日本の芯《しん》である。天皇の本質である大嘗祭をはじめとする祭祀が、日本国憲法より下に置かれて、よいものなのだろうか？

それとも、アメリカの占領下において強要された日本国憲法が、日本の芯だというのだろうか？

護憲派の人々は、日本国憲法が日本国よりも上にあると、主張している。

天皇よりも、日本国憲法のほうが尊い、というのだ。

だが、日本国憲法の出自《しゅつじ》は暗いものだし、日本の国としての悠久《ゆうきゅう》の歴史とくらべれば、日本国憲法はアメリカによる占領期を含めても、まだ七十年しかたっていない。

ここで、私は不本意に「退位」という言葉を使ったが、退位はロシア革命によって、ロシア皇帝が退位を強《し》いられた後に、皇帝一家が革命派によって処刑され、あるいは第一次世界大戦の敗戦によって退位を強いられた、ドイツのヴィルヘルム皇帝に起ったことである。

退位というと、王朝が絶えることを、しばしば意味してきた。世界の諸国において、皇帝、あるいは国王が退位することによって、君主制に終止符が打たれてきた。

したがって、日本においては退位ではなく、今上陛下《きんじょうへいか》のご意志によって、皇太子に皇位を譲《ゆず》られるのだから、「譲位《じょうい》」というべきである。

ところが、政府も、国会も、「退位特例法」といって、「退位」という言葉を用いている。

天皇こそが、日本を日本たらしめている。

天皇のご存在がない日本を、とうてい想像することはできない。

天皇の存在がなくなってしまえば、日本は滅びてしまう。断絶のない国体が、日本国に気品を与え、日本を和の国として、平和をもたらしてきた。

天皇は、今日《こんにち》まで百二十五代にわたって、続いてきた。「万世一系《ばんせいいっけい》」の天皇は、日本の掛け替えのない宝だ。

政府も、国会議員の諸君も、マスコミも、「譲位《じょうい》」というべきであったところを、きっとそう意識していなかったのだろうが、「退位」というのは、天皇に対する崇敬《すうけい》の念を欠いている。

今年は、新年にあたり十三万人を超える善男善女の人の波が、皇居を訪ねた。来年、譲位される陛下への崇敬の念と愛惜《あいじゃく》の情が、十三万人もの国民を人の波のように、皇居へ向かわせたのだった。

だが、今日《こんにち》の日本国民のなかで、どれだけの者が、新嘗祭《にいなめさい》、大嘗祭《だいじょうさい》はもちろんのこと、天皇家の起源を語っている日本神話について、知っているだろうか。

アメリカは日本民族の伝統的な信仰である神道を、未開な邪教《じゃきょう》としてみて、占領政治のもとで、日本神話を学校教育の場で教えることを禁じたが、日本が独立を回復した後も、今日《こんにち》までそのまま受け継いでいるからである。

学校教育は国民の心を受け継いでゆくために、行われるものだ。

憲法の目的も、二千年以上にわたる悠久の日本の心を守ることが、もっとも大きな目的であるべきだ。憲法のその他の規定は、技《わざ》でしかない。日本国憲法は、日本の歴史を敵視している。

人も、国家も、伝統精神と現代精神が交わるところで、生きなければならない。

私は特定の宗教の信者ではないが、あらゆるものに霊《アニマ》が宿っていると信じているから、伝統精神、現代精神といわずに、伝統霊と時代霊と表現したい。

いったん、伝統精神が失われてしまえば、人も、国家も糸が切れた凧《たこ》のように、あてどもなく世界を漂《ただよ》うことになってしまう。国家が漂流して、よいものか。

日本は借り物――というよりは、押し付け物の現行憲法のもとで、根のない、醜《みにく》い使い捨てのホンコンフラワーのような、プラスチックの造花に似るようになった。

日本国憲法のもとで、天皇は「象徴天皇」として、日本国を支える神聖な存在ではなくなってしまっている。

それにもかかわらず、日本国民の大多数が、天皇が神々《こうごう》しい存在であることを、認めている。

神聖なご存在であるからこそ、国民が天皇を聖なるご存在としてお慕《した》いするのだ。憲法に規定されている「象徴」では、国民を代表して祭祀《さいし》を司《つかさど》られる、気高いご存在とならない。

このように日本国憲法は、空疎な言葉でしかなく、現実から遊離している。現実からかけ離れた憲法は、国民の精神を狂《くる》わせてしまう。人は両足をしっかりと大地につけて、立たなければならない。

さらに、読者諸賢に質問を試みたい。

いったい、日本国憲法と国民の生命と、どちらを尊ぶべきだろうか?

もちろん、国民の生命のほうが大切であることは、いうまでもない。

憲法をめぐって、このような質問をしなければならないのは、情けない。

朝鮮半島の危機と、中国の脅威《きょうい》が募《つの》りつつあるが、日本国憲法によって国民の生命を守ることが、とうていできないという事実が、明らかになっている。

憲法は国民の生命を守るために、存在しているのだ。

もし、憲法が国民の生命を守るために存在しているとすれば、現行憲法は憲法の名にとうてい値《あたい》しない。

健康も、平和も、守る努力をしなければ、維持することができない。日本国憲法は平和を願うだけで、平和が実現されると約束している。幼稚な〝子供の夢〟を前提としているから、成人の憲法といえない。

ケント・ギルバート氏の鋭い見方は、憲法問題に光を当てるものである。

本書がひろく読まれることを、期待したい。

加瀬　英明

平成三十年三月

加瀬英明（かせ・ひであき）
外交評論家
昭和 11(1936)年、東京生まれ。慶應義塾大学、エール大学、コロンビア大学に学ぶ。『ブリタニカ国際大百科事典』初代編集長。外交評論家として内外に豊富な人脈を築き、昭和 52(1977)年より福田・中曽根内閣で首相特別顧問、福田、鈴木内閣で外相顧問。
日本安全保障研究センター理事長、日本ペンクラブ理事、松下政経塾理事・相談役、拓殖大学、鈴鹿国際大学客員教授などを歴任。
日本会議代表委員・東京都本部会長、東京国際大学特任教授、史実を世界に発信する会会長、「慰安婦の真実」国民運動会長。空手道空真流６段。
著書に『中国人 韓国人にはなぜ「心」がないのか』『いま誇るべき日本人の精神』(KK ベストセラーズ)、『加瀬英明著作選集』(勉誠出版)など多数。

ケント・ギルバート
米カリフォルニア州弁護士、タレント。
1952 年、米国アイダホ州生まれ、ユタ州育ち。71 年、ブリガムヤング大学在学中にモルモン教の宣教師として 19 歳で初来日。75 年、沖縄国際海洋博覧会の際にアメリカ館ガイドとして再来日。80 年、ブリガムヤング大学大学院を卒業し、法学博士号と経営学修士号、カリフォルニア州弁護士資格を取得。東京の国際法律事務所に就職。83 年、テレビ番組『世界まるごとＨＯＷマッチ』にレギュラー出演し、一躍人気タレントとなる。その後、テレビ番組、ＣＭ、映画、講演等の多方面で活躍。近年は企業経営や執筆活動も行う。
著書に『リベラルの毒に侵された日米の憂鬱』(PHP 新書)、『中華思想を妄信する中国人と韓国人の悲劇』(講談社)、『日本人だけが知らない世界から尊敬される日本人』(SB クリエイティブ)など多数。

対談《たいだん》 憲法改正《けんぽうかいせい》で日本《にっぽん》はこんなに良《よ》くなる

初版発行 ——— 平成 30 年 4 月 25 日

著　者 ——— 加瀬英明　ケント・ギルバート

発行者 ——— 白水春人
発行所 ——— 株式会社光明思想社
〒 103-0004
東京都中央区東日本橋 2-27-9　初音森ビル 10 F
TEL 03-5829-6581　Fax 03-5829-6582
郵便振替 00120-6-503028
装　幀 ——— 久保和正
本文組版 ——— メディア・コパン
印刷・製本 ——— モリモト印刷

ISBN978-4-904414-78-1